V&R

Loden Vogel

Tagebuch aus einem Lager

*Aus dem Niederländischen
von Mirjam Pressler*

Brief an eine Deutsche

*Aus dem Niederländischen
von Randolf Wörner*

Vandenhoeck & Ruprecht

Bergen-Belsen Schriften

Herausgegeben von der
Niedersächsischen Landeszentrale für politische Bildung
unter Mitwirkung des
Wissenschaftlichen Beirates für Gedenkstättenarbeit

Redaktion: Dr. Monika Gödecke

Band 4

Sonderausgabe für die Niedersächsische
Landeszentrale für politische Bildung

Die Übersetzung des Tagebuchs folgt der niederländischen Ausgabe,
die 1965 unter dem Titel *Dagboek uit een kamp*
bei G. A. Van Oorschot in Amsterdam erschienen ist.
Abbildungen: © Louis Tas, Amsterdam.
Das Bild auf dem Umschlag zeigt Louis Tas
(Pseudonym: Loden Vogel) Anfang der 1940er Jahre.

© 2002, Vandenhoeck & Ruprecht in Göttingen
Internet: http://www.vandenhoeck-ruprecht.de
Alle Rechte vorbehalten.
Das Werk einschließlich seiner Teile ist urheberrechtlich geschützt.
Jede Verwertung außerhalb der engen Grenzen des Urheberrechtsgesetzes
ist ohne Zustimmung des Verlags unzulässig und strafbar. Das gilt
insbesondere für Vervielfältigungen, Übersetzungen, Mikroverfilmungen
und die Einspeisung und Verarbeitung in elektronischen Systemen.
Gesetzt aus der Berthold Garamond Stempel
Satz: Schwab Scantechnik, Göttingen
Druck und Bindung: Hubert & Co., Göttingen

Inhalt

Thomas Rahe
Einleitung 7

Loden Vogel
Tagebuch aus einem Lager 13

Louis Tas
Brief an eine Deutsche 125

Hans-Joachim Rothe
»Jeder singt sein Los als Lied« 181

Thomas Rahe

Einleitung

Das im Frühjahr 1943 errichtete »Aufenthaltslager Bergen-Belsen« (so die offizielle Bezeichnung) sollte eine sehr spezifische Funktion im Gesamtsystem der nationalsozialistischen Konzentrationslager erfüllen. Es war als Transitlager für bestimmte Gruppen jüdischer Häftlinge gedacht wie z. B. Inhaber von Palästina-Zertifikaten oder einer doppelten Staatsangehörigkeit, die von der Deportation in die Vernichtungslager ausgenommen werden sollten, um für einen Austausch gegen im westlichen Ausland internierte Deutsche zur Verfügung zu stehen. Auf Grund dieser Voraussetzungen unterschieden sich die Sozialstrukturen und die Lebensbedingungen in Bergen-Belsen stark von den Verhältnissen in den meisten übrigen Konzentrationslagern. So waren die Lebensumstände für die als Geiseln betrachteten Häftlinge hier zunächst deutlich besser als in anderen Konzentrationslagern – die für den baldigen Austausch vorgesehenen Häftlinge sollten im Ausland nicht über die tatsächlichen Zustände in den nationalsozialistischen Konzentrationslagern berichten können. Als »Austauschhäftlinge« wurden in der Regel nicht Einzelpersonen, sondern ganze Familien nach Bergen-Belsen deportiert, so dass hier von Beginn an auch eine große Anzahl von Kindern und Jugendlichen als Häftlinge lebte. Zudem wurden zunächst fast ausschließlich jüdische »Austauschhäftlinge« nach Bergen-Belsen verschleppt, so dass bis etwa Ende 1944 die große Mehrzahl der Häftlinge dieses Lagers Juden waren.

Anders als in den meisten übrigen Konzentrationslagern lebten die Häftlinge in Bergen-Belsen nicht gemäß einer für alle gleichen Lagerordnung, sondern waren entsprechend ihrem aus Sicht der SS unterschiedlichen juristischen Status bzw. ihrer nationalen Herkunft auf mehrere zunächst strikt voneinander getrennte Teillager mit unterschiedlichen Lebensbedingungen verteilt. Das größte dieser Teillager war das »Sternlager« (so genannt, weil die Häftlinge dort den Judenstern tragen mussten), und hierin bildeten die Niederländer die weitaus größte Gruppe.

Seit Ende 1944 wurde Bergen-Belsen immer häufiger zum Zielort für »Evakuierungstransporte« mit Zehntausenden von Häftlingen aus frontnahen Konzentrationslagern, die in keinerlei Zusammenhang mehr mit den Austauschprojekten standen und nun in abgetrennte bzw. neu errichtete Lagerteile eingewiesen wurden. Mit der völligen Überfüllung des Lagers, den Seuchen, dem unbeschreiblichen Hunger und einem im Januar 1945 einsetzenden Massensterben begann dann jenes Inferno, das den Namen Bergen-Belsen zum Synonym für die in den Konzentrationslagern begangenen Verbrechen gemacht hat.

Bergen-Belsen war mithin ein Lager, das von einer verwirrenden Vielfalt von Bedingungen und sozialen Strukturen wie auch einer extremen Entwicklung der Lebensbedingungen der Häftlinge vom »Vorzugslager« für Geiseln bis hin zu einem in seiner Schrecklichkeit nicht mehr zu überbietenden chaotischen Todeslager gekennzeichnet war – eine Entwicklung, die sich im Tagebuch von Loden Vogel deutlich widerspiegelt.

Dieses Tagebuch ist auch als Teil eines überraschend vielfältigen kulturellen Lebens unter den jüdischen »Austauschhäftlingen« in Bergen-Belsen zu sehen, für dessen Existenz die spezifischen Voraussetzungen und Bedingungen dieses Lagers von großer Bedeutung waren. Bedingt durch ihren Sonderstatus als »Austauschhäftlinge« hatten die seit Sommer 1943 nach Bergen-Belsen deportierten Juden zunächst mehr Möglichkeiten zu kulturellen Aktivitäten, als dies gerade bei jüdischen Häftlingen in anderen Konzentrationslagern der Fall war. Dazu zählte auch, dass sie Gepäck ins Lager hatten mitbringen dürfen (was den Häftlingen der späteren Evakuierungstransporte in aller Regel nicht mehr möglich war). Mit diesem Gepäck gelangten auch Bücher, Papier, Stifte etc., also wichtige materielle Voraussetzungen für kulturelle Aktivitäten, ins Lager.

Zum zweiten bestand im »Aufenthaltslager« anfangs eine für die nationalsozialistischen Konzentrationslager sehr untypische Sozialstruktur: Die Mehrzahl der Häftlinge war zusammen mit ihrer Familie nach Bergen-Belsen gekommen, in den einzelnen

Lagerteilen waren zumeist Häftlinge untergebracht, die die gleiche Muttersprache und einen ähnlichen kulturellen Hintergrund hatten. Viele Häftlinge, vor allem des »Sternlagers«, kannten sich aus der Zeit vor ihrer Deportation. Zudem kam, auf Grund der »Auswahlkriterien« der SS, ein relativ hoher Anteil der Häftlinge aus Berufen im kulturellen bzw. akademischen Bereich.

Und schließlich waren die meisten jüdischen Häftlinge in eigenen, abgetrennten Lagerteilen untergebracht. Bis Dezember 1944, als der neue Kommandant Josef Kramer das Kapo-System mit zumeist »kriminellen« Häftlingen im gesamten Lagerkomplex von Bergen-Belsen einführte, waren auch die Funktionshäftlinge der mit jüdischen Häftlingen belegten Lagerteile ausnahmslos Juden. Dies bedeutete einen entsprechend größeren Freiraum, denn auch in Bergen-Belsen waren kulturelle oder religiöse Aktivitäten der Häftlinge formell nicht erlaubt. Sie wurden von der SS allenfalls geduldet. Die Reaktionen der SS, falls sie im Lager heimlich angefertigte Zeichnungen oder Tagebücher entdeckte, blieben für die Häftlinge ein unkalkulierbares Risiko.

Die Texte, die Häftlinge in Bergen-Belsen verfasst haben, gehören fast ausschließlich zu zwei literarischen Formen: es sind Gedichte und Tagebücher. Bislang sind insgesamt siebzehn Tagebücher aus Bergen-Belsen bekannt, von denen zehn im Sternlager entstanden und fünf – wie die Aufzeichnungen von Louis Tas, die er unter dem Pseudonym Loden Vogel verfasste – in niederländischer Sprache geschrieben sind. Die meisten dieser Tagebücher sind auch in ihrer Originalsprache bisher nicht veröffentlicht worden. Die Mehrzahl ihrer Autorinnen und Autoren war nicht älter als dreißig Jahre, die beiden jüngsten unter ihnen begannen mit sechzehn Jahren ihr Tagebuch zu führen.

Bedingt durch die Biographien ihrer Autoren unterscheiden sich diese Tagebücher in vielfältiger Weise voneinander. Das Spektrum reicht von kurzen stichpunktartigen Notizen, die eher als spätere Erinnerungsstütze dienen sollten, bis hin zu umfangreichen Aufzeichnungen mit literarischem Anspruch, deren Verfasser sich bewusst in die Tradition der autobiographischen Literatur stellten. Loden Vogels Tagebuch darf durchaus zu diesen literarisch ambitionierten Aufzeichnungen gezählt werden, und durch seine ironische Perspektive und zuweilen sarkastischen Kommentare nimmt es unter den in Bergen-Belsen geschriebenen Tagebüchern durchaus eine Sonderstellung ein. Wie auch alle anderen hier verfassten Tagebücher spiegeln jedoch auch Loden Vogels Aufzeichnungen kontinuierlich die Bedingungen, unter denen sie zustande kamen, und zugleich enthalten sie neben den in dokumentarischer Absicht aufgezeichneten Begebenheiten auch reflexive Passagen.

Angesichts der völligen Erschöpfung nach harter Arbeit und stundenlangem Appell bei völlig unzureichender Ernährung waren literarische Kurzformen wie das Gedicht und die knappe abendliche Tagebucheintragung noch am ehesten geeignet, den Willen zum Schreiben im Lager auch umzusetzen. Es gab dafür jedoch auch tiefer liegende Gründe. Gerade das Fragmentarische des Tagebuchs erschien als formale Entsprechung der erlebten Wirklichkeit des Lageralltags, der nur noch aus den Fragmenten einer humanen Weltordnung bestand, und in der Form eines Tagebuchs glaubten die Autorinnen und Autoren diese unentrinnbare und sinnentleerte Realität am besten für die Nachwelt dokumentieren zu können.

Loden Vogels Tagebuch ist wie die anderen Aufzeichnungen von Häftlingen in Bergen-Belsen nicht nur eine Ausdrucksform und ein Beleg für den Selbstbehauptungswillen der Häftlinge in diesem Lager, sondern auch eine spezifische Form des Widerstands gegen den Versuch der SS, durch eine Tarnsprache ihre Verbrechen zu verschleiern und alle Spuren durch die Zerstörung der Quellen zu verwischen. Die Verbrennung der Lagerakten durch die SS kurz vor der Befreiung verlieh den hier entstandenen KZ-Tagebüchern schließlich noch zusätzliche Bedeutung.

Wenige Tage vor der Befreiung des Lagers hatte die SS die für den Austausch vorgesehenen jüdischen Häftlinge noch mit insgesamt drei Zugtransporten aus Bergen-Belsen »evakuiert«. Loden Vogel gehörte zu jener Gruppe von Häftlingen, die schließlich am 23. April 1945 bei dem Dorf Tröbitz in der Niederlausitz von sowjetischen Soldaten befreit wurde. Sein Tagebuch hatte er mitnehmen und so retten können.

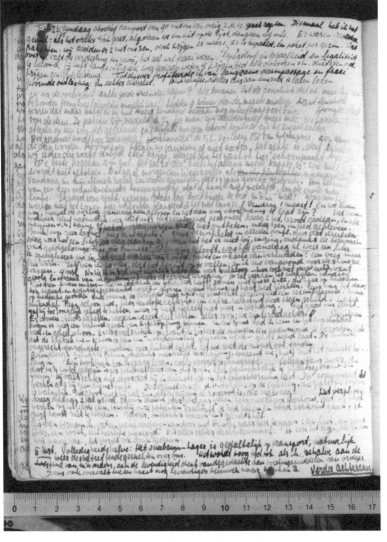

Seite aus dem Original-Tagebuch von Loden Vogel

Die vorliegende Edition ist die erste deutschsprachige Veröffentlichung dieses Tagebuchs. Bereits 1946 wurde in Den Haag eine erste vom Autor stilistisch bearbeitete und mit Kommentierungen versehene Ausgabe veröffentlicht. Eine mit dem ursprünglichen Text identische Fassung erschien 1965 in Amsterdam, eine dritte Auflage 2000, ebenfalls in Amsterdam.

Die vorliegende Übersetzung stützt sich auf die Ausgabe von 1965. Bei den (kursiv gesetzten) Einfügungen handelt es sich um zu späteren Zeitpunkten verfasste Ergänzungen und Kommentierungen des Autors. Die vorliegende deutschsprachige Fassung entspricht dem Original bis auf die Stellen, die vom Autor selbst als Kürzungen angemerkt sind. Die Fußnoten wurden vom Autor selbst bzw. in Absprache mit ihm verfasst.

Ergänzt wird diese deutschsprachige Edition durch einen Kommentar des Psychoanalytikers Hans-Joachim Rothe sowie durch einen »Brief an ein Deutsche« überschriebenen Text von Louis Tas, in dem er sein in Bergen-Belsen entstandenes Tagebuch und seinen Lebensweg in den weiteren familiengeschichtlichen und historischen Kontext einordnet. Der vorliegende Text (Übersetzung des Tagebuches und des »Brief an eine Deutsche«) ist vom Autor mit der Übersetzerin bzw. dem Übersetzer detailliert abgestimmt worden.

Dr. Thomas Rahe ist Historiker und wissenschaftlicher Leiter der Gedenkstätte Bergen-Belsen.

Loden Vogel

Tagebuch aus einem Lager

HEUTE IST DER 30. JULI 1945. *Vor gut anderthalb Jahren, am 29. September 1943, wurden wir nach Westerbork gebracht (meiner Schwester war es gelungen zu entkommen), von dort wurden wir am 15. April 1944 nach Bergen-Belsen transportiert, beneidet und glücklich gepriesen von denen, die mit der Aussicht auf eine Deportation nach »Polen« zurückblieben. Dreizehn Monate später, am 10. April 1945, wurden wir mit einem Zug mit unbekanntem Ziel evakuiert, weil sich die Amerikaner näherten. Das Ziel blieb auch unbekannt, weil wir, nach vielem Herumirren auf Nebenlinien, in Tröbitz, an der Grenze zwischen Brandenburg und Sachsen, von den Russen befreit wurden. Das geschah am 23. April. In einem Heft, in dem aus Westerbork noch einige poetische Versuche und Aufzeichnungen standen, führte ich mehr oder weniger regelmäßig Tagebuch.*

Die Ankunft in Bergen-Belsen: Ein grauer Nieselregen machte den Anblick der graugrünen Baracken mit ihren kleinen Fensteröffnungen, davor die mit Hilfe von Stöcken offen oder geschlossen gehaltenen Läden, die Baracken umgeben mit Stacheldraht und den von überall sichtbaren Wachttürmen, sehr beängstigend. Als der Schlagbaum hinter uns zufiel, warfen meine Mutter und ich uns einen Blick zu, der sagte: Wir sitzen in der Falle und kommen nie mehr raus. Ein widerwärtiger Steckrübengeruch erfüllte die Luft. Die wenigen Juden, die wir sahen, schienen bereits vom Tod gezeichnet zu sein, obwohl sie nur einen Monat vor uns deportiert worden waren. Scheu wurde uns zugeflüstert, dass es gar nicht so schlimm sei.

Es war insofern nicht schlimm, als wir in diesem Lager eine separate Gruppe waren. Wir behielten unser Eigentum und unsere Haare, Männer und Frauen sahen einander ein paar Stunden am

Tag. Wir mussten zwar arbeiten, aber wir befanden uns in einer privilegierten Situation, da man vorhatte, uns gegen Deutsche aus dem Ausland auszutauschen. Nach dem Krieg waren wir erstaunt, dass man auch dies schon »Konzentrationslager« nannte.

Abgesondert vom Rest des Lagers, blieben wir zuerst in Quarantäne und brauchten nicht zu arbeiten. Es wurde, in abnehmendem Maße, etwas geflirtet und geredet; der Hunger machte sich bereits bemerkbar, als wir, nach einem Aufenthalt, den wir auf sechs Wochen ausdehnen konnten, die Quarantäne verließen.

25. April [1944], Sonntag. Donnerstag die Quarantäne verlassen, wo wir bis jetzt noch Ruhe gehabt hatten. Es ist ein Mistlager. Man hat hier große Aussichten zu sterben. Paps und Mams, vor allem Mams, sind sehr gefährdet, sie sehen jetzt schon schlecht aus. Auch ich selbst kann Pech haben.

Tageseinteilung für diejenigen, die arbeiten: 6 Uhr Appell, Arbeit bis 12.15 Uhr, 12.30 wieder Appell (dazwischen Steckrübensuppe) und Arbeit bis 18.30 Uhr. Um 20 Uhr wird das Tor zwischen dem Männer- und dem Frauenlager geschlossen. Paps und ich haben mit Leuten, die im Männerlager essen wollen, getauscht und können so mit Mams zusammen sein. Diese hatte schon zu Anfang Pech. Aus Furcht, dass, wie es hieß, ein namentlicher Appell stattfinden würde, war sie nicht weggeblieben und wird nun wohl bei der »Schuhverwertung« eingeteilt worden sein, von wo wir eigentlich gehofft hatten, sie fernhalten zu können. Sie hält diese Arbeit nicht aus mit ihrem Rücken[1] und ihrer Neuralgie. Aber was kann man machen? Außerdem ist es eine schmutzige Arbeit und die sehr staubige Luft ist gefährlich.

Was man hier herumlaufen sieht, kann in mancher Hinsicht mit einem Transport aus Amersfoort konkurrieren, den ich in Westerbork sah, Ende November. Bilder vom Simavi[2]-Notfonds. Seltsam bleifarbene, gelbliche oder grünliche Gesichter. Skelette oder auch Hungerödeme. Das Essen enthält nämlich so

---

1 In der Familie war das Wort »Buckel« verpönt.
2 Vor dem Krieg eine Organisation, die Kranken in den niederländischen Kolonialgebieten Hilfe leistete.

gut wie kein Eiweiß und außerdem hauptsächlich Wasser. Es gibt zwei bis sechs Sterbefälle am Tag, bei dreitausend Menschen sind das etwa zwanzig Prozent im Halbjahr, falls die Todesrate nicht weiter steigt. Die Mädchen W. waren gestern schon bei den Schuhen. Paps und ich sind heute mit knapper Not davongekommen; heute Nachmittag haben alle frei. Mams möchte dann ihre Lieder in der Baracke singen, in der die Griechen wohnen (die hier, wie in Westerbork die Deutschen, das Sagen haben), aber ich fürchte, dass sie dafür zu müde ist und zu schlimme Schmerzen hat.

Ich frage mich, ob ich einen besseren Bericht als jetzt von dem geben können werde, was ich fühle und denke, wenn die Zeiten besser und die »Verdrängungen« weniger wären. Hätte ich ständig dieses Heft zur Hand, wäre man verblüfft – aber ich bin nicht der Erste, der auf diese Idee kommt! In der Zeit, als wir in Quarantäne waren, etwa sechs Wochen, habe ich nicht viel geschrieben. Könnte ich nur voraussehen, wie lange der Krieg noch dauert. Ich fürchte, noch sehr lange, und dann ist es mit manchem wohl vorbei. Glücklicherweise ist es in Theresienstadt besser und Jenny[3] kann die Katastrophe überleben, wenn sie Glück hat und nicht nach Auschwitz weiterdeportiert wird.

Es gibt hier einige, die nicht hier sein sollten. Ich brauche mir also keine Vorwürfe zu machen. *(Das bezog sich auf einen misslungenen Fluchtversuch.)*

Wenn man vollkommen passiv ist, kann man viel aushalten; man darf sich nur nicht zu einer »sekundären« Aktivität treiben lassen, die viele Kalorien kostet. Ich werde in Zukunft den Sonntag zum Schreiben benutzen; sonst müsste ich entweder das Familienleben aufgeben, auf das ich – vor allem in Hinblick auf die Moral meiner Eltern – viel Wert lege, oder verschmutzen. Ich habe diese Übung sehr nötig, das merke ich, und werde das Vorhaben sicher ausführen.

Mams ist manchmal sehr schön, sieht einen Moment lang wie eine andere Frau aus und besiegt diese auf ihrem eigenen Terrain: Gestern war sie »out-lolaing Lola«[4]. Letzten Sonntag, noch in

---

3 Ein Mädchen, in das der Autor unglücklich verliebt war.
4 Ein Onkel des Autors war mit einer damals berühmten Soubrette

der Quarantäne, fand ein »Kulturnachmittag« statt und da sang sie ohne Begleitung, sehr schön. Auch Lieder, die ich noch nicht kannte. Paps schreibt ihre jetzige Nervosität und schlechte Kondition der großen Anspannung zu, aber mir scheint das nicht sehr wahrscheinlich.

(Gerade werden Menschen aufgerufen, um Kochkessel zu tragen. Ich bleibe sitzen, fühle mich aber schuldig. Derjenige, der uns dazu anwirbt, hält jeden, der sich meldet, insgeheim für einen Trottel!) Wenn man sich vorstellt, dass Freunde und Verwandte uns in einem Internierungslager wähnen oder zumindest in einem »Musterlager«! Schon in Westerbork hatte ich zu Paps gesagt: Ein Mof[5] nennt ein Lager »Musterlager«, in dem alles pünktlich und sauber ist. Wie es dem Menschenmaterial geht, ist sekundär. Hätte ich das nur selbst geglaubt!

Mit Mams kommt es immer zu Streit, weil sie uns alles zusteckt. Ich könnte ein Egoist sein und mehr nehmen, als mir zusteht, sicher, aber dann muss ich wissen, wie weit ich gehe! Nun stopft sie heimlich das Stückchen Fleisch, das zufällig manchmal in der Suppe schwimmt, in die Suppe von Paps oder von mir.

G. S. hatte heute ein ganz geschwollenes Gesicht, er glaubt, dass es wieder eine Nephritis ist. Abel sieht alt und mager aus (wie siebzig), aber nicht gruselig. *(Dieser Onkel[6] war Anfang Januar nach Bergen-Belsen gekommen, so wie die meisten, abgesehen von den Griechen.)*

Ich sterbe vor Hunger und habe doch ganz gut gefrühstückt, aber sehr früh.

DONNERSTAG, 26. APRIL. *(Das Datum stimmt nicht.)* Gestern kam ein aus sechs Palästina-Listen[7] zusammengestellter Transport alter Männer und Frauen zur Baracke 10 (wo wir in Quarantäne gewesen sind). Man sagt, sie werden ausgetauscht nach

---

namens Lola verheiratet. Die Formulierung bedeutet, dass die Mutter selbst Lola übertraf.

5 Mof, pl. moffen – Bezeichnung für Deutsche, ein Schimpfwort.
6 Sein Name war Abel Herzberg.
7 Listen mit Namen von Häftlingen, die von der englischen Mandatsregierung die Erlaubnis zur Einwanderung nach Palästina bekommen hatten, so genannte »Zertifikate«.

Palästina, und das gibt Anlass zu vielen Kommentaren. Für mich ist die Chance auf einen Austausch verpasst, da sich nun herausstellt, dass man keine Wehrfähigen nimmt; ich kann höchstens auf Internierung hoffen.

Es ging barbarisch zu. Am Tag zuvor mussten beim Arbeitsappell Palästina-Leute vortreten, es kamen ein paar hohe Tiere, jemand las die Namen von ungefähr zweihundertfünfzig Menschen vor, die sich aufstellten. Nachdem das etwa zwei Stunden gedauert hatte, im strömenden Regen, durften wir, die nicht Aufgerufenen, nach Hause und verdienten uns dadurch einen freien Nachmittag, die Aufgerufenen bekamen Instruktionen. Am nächsten Tag, wiederum beim Arbeitsappell, zu dem nun auch die Nicht-Arbeitenden bestellt waren, wurden wieder zweihundertfünfzig Leute aufgerufen, zum Teil aber andere, die fünfzehn Minuten Zeit bekamen, alles Alte oder Frauen und Kinder. Danach marschierten wir zur Arbeit, ohne Abschied, unter anderen von Onkel Abel; es gibt allerdings auch Männer, deren Frauen weggehen. Die »Zehn« ist jetzt vom Rest des Lagers streng isoliert, Stacheldraht und Wachtposten. Die Arbeit wird mich nicht kaputt kriegen, wohl aber auf die Dauer der Hunger und der Mangel an Sonne.

Nach der Arbeit, das heißt nach zwölf Stunden Arbeit, gab es einen Zählappell, der bis acht Uhr dauerte, was zu einer niedergedrückten Stimmung und bei mir zu Halsschmerzen geführt hat. Zu diesem Zeitpunkt wird sonst das Tor zwischen Männer- und Frauenlager geschlossen. Doch nun durften wir bis neun Uhr zusammen sein, ich glaube, dass man es nachträglich sanktioniert hat. Bis Sonntag.

30. APRIL. Geschichten von hier angekommenen Juden aus Auschwitz, genauer gesagt: im Lager nebenan, dem so genannten Häftlingslager. *(Bergen-Belsen bestand damals aus einer Hauptstraße, auf die man kam, wenn man das SS-Lager passiert hatte. Auf der einen Seite befanden sich die Kartoffelkeller und zwei Küchen, dahinter Stacheldraht und Wachttürme, an der anderen Seite Stacheldraht, dahinter, wie eine Art Tiergarten, auch wieder durch Stacheldraht voneinander getrennt, Gruppen von Baracken mit verschiedenen Lagerteilen. Es gab ein Internierungslager, ein*

Konzentrationslager und so weiter, das änderte sich oft. Wir hießen: Albala-Lager, nach dem »Judenältesten[8]*«.)* Diese Geschichten aus Auschwitz waren »haarsträubend«; später erzählten sie etwas weniger entsetzliche Dinge, aber der allgemeine Eindruck war, dass sie einen Wink in dieser Richtung bekommen hatten. Das hier scheint wirklich ein »Vorzugslager« zu sein.

Ein Dichter, dessen Werk ich schon in der Quarantäne hatte rühmen hören, entpuppte sich als der Mann mit den Frostbeulen an den Füßen, mit dem ich zusammen in einem Saal arbeite. Gestern gab es Brennnesseln statt Steckrüben, die Folge: weniger Darmgase.

Häufige Fliegeralarme, auch Hoffnung auf eine Invasion. Über unser Schicksal wilde Vermutungen, unter anderem: Das Lager wird geräumt, es wird nicht mehr gearbeitet und dergleichen.

Schade, dass ich neulich, am Donnerstagabend, nicht genau das beschrieb, was historisch von Bedeutung ist. Nun habe ich die Nase voll von »Schicksalsschwere-Stunden-Romantik«, auch wenn ich ein Auge habe für treffende Details, zum Beispiel für Ru Cohen, der, selbst fast am Ende seiner Kräfte, eine Gruppe hungriger Hachschara[9]-Jungen ermuntert und dadurch selbst Kraft schöpft, oder für einen roten Hut, der am Fenster vorbeiweht, dicht gefolgt von einer dicken Jüdin, oder für schöne Mädchen, die sich einen guten Job erflirten, oder für zwanzig blasse Juden, die hinter einem Karren herzockeln, daneben ein grimmiger SS-Mann – aber ich möchte nicht in Beschreibungen von Dingen verfallen, die mich wenig »berühren«, auch wenn ich sie sehe.

Mams ist bei den Schuhen gelandet, nach vier Tagen. Es gefällt ihr besser als erwartet. Das Essen steht für uns bereit durch die Hilfe gutherziger oder abergläubischer Damen, die selbst mit knapper Not den Schuhen entkommen waren. Es ist aber doch

---

8 Außer nach dem Judenältesten, dem Griechen Jacques Albala, wurde der Lagerteil, in dem sich Loden Vogel befand, auch »Sternlager« genannt, weil die Insassen gezwungen waren, den Judenstern zu tragen. Dazu Eberhard Kolb, Bergen-Belsen. Vom »Aufenthaltslager« zum Konzentrationslager 1943–1945, Göttingen ⁶2002, S. 32.

9 Hachschara – landwirtschaftliches Ausbildungslager für junge Zionisten, Vorbereitung für ein Leben in Palästina.

eine schmutzige Arbeit. Seit drei Wochen war ich nicht im Bad, weil die Duschen kaputt sind, und wenn ich mich mit einem weißen Handtuch abwische, dann ist es schwarz. Libido sexualis wegen Eiweißmangel unter Null. Träume interessant.

Eigentlich bin ich immer optimistisch gewesen, indem ich stets auf einen unvermuteten Ausweg gehofft habe. Auch jetzt hoffe ich auf »Austausch«, Kriegsende, Arisierung oder Internierung, obwohl ich intellektuell von der Unmöglichkeit oder Unwahrscheinlichkeit überzeugt bin. Morgen Nachmittag wieder frei; ich hoffe, dann ein Gedicht zu schreiben.

Sollte ich je wieder in die Analyse gehen, werde ich freier assoziieren. Nun fällt mir allerdings ein, dass ich das damals, noch in der Analyse, an jedem Tag für den nächsten erhofft hatte. Meine Träume beschäftigen sich sehr oft mit der Analyse.

Paps ist ehrlich. Er »erträgt es nicht«, Dr. L., seinen Analytiker, »mit dem gleichen Ponem[10] sitzen und kacken zu sehen, mit dem er ihn analysiert«.

Paps ist noch immer sehr gehemmt!

1. Mai. Am freien Nachmittag musste unser Kommando doch arbeiten. Dies nicht, um mich zu beklagen, sondern um mich für das nichtgeschriebene Gedicht zu entschuldigen. Die Stimmung war hervorragend, und es wurde nicht gehetzt. Es war jedoch klar, dass wir die Arbeit so schnell wie möglich taten.

In der Quarantäne hatte ich eine Freundin, die Tochter eines Millionärs – zuerst hat mir das nichts ausgemacht, aber später doch. Als irgendwelche Leute, die sich gerne einmischten, immer wieder damit anfingen, verging mir die Lust und außerdem hatte sie keine schönen Beine. Ich werde immer untreuer und berufe mich gerne auf Zeitmangel; mag auch nicht von ihrem schnell wachsenden Vorrat an Beziehungen profitieren.

Die Gedichte von Frostbeule sind schlechter als meine. Leute, die aktuell sein wollen, verfallen leicht darauf, zu schreiben, was sie denken, was von ihnen erwartet wird; haltet die Fackel brennend in düsteren Zeiten oder so. Dem stelle ich gegenüber: Westerbork stilisiere ich / zum Oratorium / all die Gruppen wer-

---

10 Jidd.: Gesicht.

den / hohe Chöre, tiefe Chöre / jeder singt sein Los als Lied / Soli gibt's fast nicht, – und finde das befriedigend. Meinen Freunden *(ja, wenn sie in Westerbork gewesen wären und die eigenartige Stimmung gekannt hätten!)* würde das gefallen, und den anderen ist ganz leicht mit sehr äußerlichen Mitteln, die ich nicht verschmähe, zu imponieren. Für jeden Geschmack etwas. (Stil Frostbeule:) Gestern sah ich drei Frauen / fast zusammengefaltet /ohnmächtig aus den Bunkern getragen / nach einer Strafe von drei Tagen / weil sie für ihre Kinder etwas kochen wollten.[11] Frostbeule, 1-5-44, Bergen-Belsen. Demnächst werde ich Frostbeule meine Gedichte zeigen, um ihn zu verhöhnen.

Wie zu Beginn früherer Tagebücher erreiche ich das Essentielle vorläufig nicht. So fühlte ich mich ganz jämmerlich wegen der Frauen, und ich bin nicht sicher, dass ich mich nicht doch eines Tages durch eine empörte Geste aufopfere. Tue ich es nicht, dann ist es, weil ich weiß, dass ich kein Echo bei den anderen finden werde. Der Widerstand ist, durch Eiweißmangel oder schlechte Rasseeigenschaften, definitiv gebrochen. *(Wie ich, mit dem Mund voll Heroismus, selbst auf einen Helden reagiert habe, wird sich beim Fall Stein herausstellen.)* Schlechte Rasseeigenschaften können auch das Gewand sein, in das sich Misanthropie hier hüllt. Eigentlich hat man hier nie das Gefühl, unter Juden zu sein, wegen des Fehlens der nichtjüdischen Umgebung. Die Nichtjuden wirken wegen ihrer Seltenheit wie rotkupferne Riesen, Barbaren von Barnum und Bailey!

Es war mein freier Wille, dass ich mich zu Paps setzte und mich nun geniere zu dichten. Mams macht nun eine weniger schmutzige Arbeit: sie schneidet Lappen.

(Fehlgeborenes Gedicht)

SONNTAG, 6. MAI. Heute sang Mams ein paar Lieder in ihrer Baracke; die Barackenleiterin hatte Geburtstag. Frau M. ist jung und schön, was ihr Feinde und Freunde schafft. Als wir am Donnerstag nach der Arbeit wieder bis halb neun Appell standen, im Regen (eine geliehene Zigarette rettete mich, von einem

---

11 Im Original gereimt: vrouwen, doubbelgevouwen, dragen, dagen, wouwen.

Ertrinkenden wurde ich plötzlich zum Gentleman of leisure, zum Herrn der Situation), war das zum Teil ihre Schuld, sie hatte ein Kind nicht mitgezählt, das im Bett lag und die Decke über sich gezogen hatte. Dafür sollte sie gestern in den Bunker, doch es ist ihr erlassen worden, sodass sie mit dem Schrecken davonkam.

Wir bekamen Pakete, Absendedatum unbekannt, Inhalt nichts Besonderes. Wir haben so gut wie nichts, einige Dosen sind im »Depot«. Paps wurde heute unser halber Zuckervorrat gestohlen. Mams' Singen hatte etwas Tragisches, sie fühlt sich todunglücklich in der Schuhverwertung, voller Staub und Schmutz, und es scheint unmöglich, sie da herauszubekommen. Heute war ich wieder bei den Griechen und ärgerte mich tot über den Kitsch (mit Ausnahme von K., der Schumann sang, vermutlich sind seine Finger zu steif für seine jiddischen Lieder, die er mit der Laute begleitet), aber noch schlimmer war, dass ich keinen Erfolg hatte, als ich versuchte, einen guten Zeitpunkt zu erwischen, um mit Edgar, dem jüdischen Arbeitseinteiler, zu sprechen. Ich wollte ihn nämlich ein bisschen besser kennen lernen. Morgen früh wechsle ich wahrscheinlich von den Schuhen zu einem sehr leichten Außendienst. Koosje beklagte sich über meine Untreue, dabei fand ich sie doch sehr lieb, allmählich lässt mein Beine- und Wadenfetischismus nach. Dass sie mit den hohen Tieren schon sehr gut steht und dass sie mir den Weg nicht zeigen kann oder will, liegt an mir.

Meine Träume lassen an einem sehr starken weiblichen Einschlag keinen Zweifel; ich sah heute Nacht das Genital wegen Unterernährung zu einer Vagina zusammenschrumpfen.

Im Saal von Paps nahm heute zum ersten Mal ein Jude eine starke, bestimmende Haltung ein. Dort wird viel geschlagen und mit Schlägen gedroht, auch wenn es nicht erlaubt ist. Paps ist schon durch seine Trägheit aufgefallen und wurde mit einem Schuh ins Gesicht geschlagen.

Meine dichterische Ader scheint verschlossen zu sein: Mir fallen die Dinge nur schreibend ein.

Von Abel, der hier eine sehr harte Zeit hatte, wurde mir erzählt, dass er sehr tapfer war und immer sagte: »Wir müssen verzweifeln, wenn was aus uns werden soll.« Was ihn selbst betrifft, hat das gestimmt! *(Diese Aussage war ein bisschen voreilig: Abel, der zum Palästina-Transport ausgewählt worden war, wurde dann doch wieder zu uns zurückgeschickt.)*

Mit einem Paar Holzschuhen, die ich bei der Arbeit bekommen habe, Unterteile von mit Holz besohlten Russenstiefeln, fühle ich mich reich wie ein König. Nach dem Krieg dieses Paar, eine Manchesterhose und -jacke, ein Pullover mit Rollkragen, zweimal Unterwäsche zum Wechseln und fünf Paar Socken und ein Regenmantel! Die Liste der Essenswünsche, interessant für den, der dies hier nicht kennt: Kaffee, Käse, Butter, Corned Beef, Haferbrei, Zucker, Milch, Zigaretten, Eier. Am leckersten waren die mit Fleisch belegten Brote, die von dem sehr braven und sehr noblen De Haas aufgetischt wurden, der mir in der Stiefelverwertung gegenübersitzt und ein guter Mensch ist. Er spricht zwar den ganzen Tag vom Essen, aber was werde ich selbst in zwei Monaten tun?

Neulich hätte ich fast den Grundstein zu einem Ruf als Verräter gelegt, und ich erinnerte mich, als der Vorfall vorbei war, mit Schrecken an die Verräter-Tendenz aus dem Sodom-Traum *(der noch zur Sprache kommen wird)*. Hatte dieser mir unbewusst einen Streich gespielt? Ich war zum Vorarbeiter gelaufen, um ihm zu erzählen, wie W., ein Mistkäfer, Holzschuhe wie meine gegen ein Paar bessere getauscht hatte, die einem Jugendlichen gehörten, für den ich Beschützergefühle empfand, obwohl der sie behalten wollte, also gegen dessen Willen. Man verstand das verkehrt und dachte, ich hätte das Wegnehmen verraten, und in der Tat hatte ich die Sache ins Rollen gebracht. Außerdem war es ein Missverständnis und der Jugendliche hatte dem Tausch zugestimmt, wenn auch nicht gerade begeistert. Zum Glück war der Fall – so sah es wenigstens aus – am gleichen Nachmittag vergessen. W. hatte gedroht, dem Oberscharführer etwas über mich zu verraten, hat es aber nicht getan, obwohl er meine Entschuldigung nicht angenommen hatte, nachtragend, wie er ist.

Was für ein trauriges Lied sang sie, von einem jiddischen melech / vom jüdischen König ins Nichts versunken / seine Frau verdorben und das Vögelchen, das / im Nest auf dem Ast saß / tot auf die Erde gefallen?

Pfingsten, Sonntag. In den vergangenen Wochen alles ungefähr doppelt so schlecht, außer dass Mams aus den Schuhen weg ist. Der Junge G. hatte einen Rucksack, der Edgars Begierde weckte. Dieser wollte ihn gegen einen anderen tauschen und Essen dazugeben. G., aus einer sehr unschablonenhaften Anwandlung heraus, bat jedoch, Mams aus den Schuhen zu holen. Das ist nach einer Woche Hin und Her auch passiert! Mams ist sehr müde, vielleicht als Reaktion. Sie isst nicht. Combats de générosité jeden Tag am Tisch, die wir, Paps und ich, immer verlieren und die uns nachgerade lächerlich machen. Es ist hier nämlich unmöglich, etwas abzulehnen. Ich selbst arbeite nicht mehr bei den Schuhen, sondern landete nach einem Umweg über diverse Außenkommandos (viel mehr Hunger und viel ermüdender) bei der so genannten Bekleidung. Die Arbeit ist leicht und möglicherweise lässt sich auch einmal Zeit für Gedichte stehlen. Zum Verzweifeln ist nur, dass a) Paps es nicht verkraftet und mich sehr irritiert und b) unser Besitz unter das Limit gesunken ist: Wir haben nichts zu essen und Henk, die Pfeife, wagt offenbar nichts zu schicken, aus Angst, dass es nicht ankommt. *(Es wurde, wie sich später herausstellte, tatsächlich, à fonds perdu, alles Mögliche an uns geschickt. Wir hatten nur kein Glück mit dem Ankommen.)*

Mit dem letzten Transport vor einer Woche kam nichts für uns mit; ein Herr, der es sich selbst kaum leisten kann, gab uns eine Zigarette. Schuhe reparieren kostet, wie sich herausstellte, eine Schachtel Zigaretten, wenn ich selbst Sohlen besorgte, was durch die Arbeitsstelle nicht mehr möglich ist.

Genug gejammert. Man kann leben mit 300 g Brot, 1 l Suppe, 10 g Margarine am Tag, und es ist nur die Frage, wie lange.

Dieser Sonntagnachmittag ist gekennzeichnet durch Fliegeralarm. Wir müssen in der Baracke bleiben und das Wetter Wetter sein lassen. Das ist mir jetzt doch wichtiger. Koosje litt in der letzten Zeit so sehr an Stomatitis, dass sie nicht arbeiten konnte und im Bett bleiben durfte. Jeden Abend saß ich an ihrem Lager und hatte für nichts Zeit. Als ich noch in Westerbork war, ging in der letzten Zeit das Gerücht um, dass man nur das hierher schicken darf, was es nicht auf Marken gibt; wenn also Henk zur Einsicht kommt und doch etwas schickt, werden wir nur Mist bekommen. Und es ist unmöglich, ihnen eine Nachricht zu schicken! Ein netter französischer Junge, Marcel Z. (er sieht Guy K. ähnlich), ist der Einzige bei der Arbeit, mit dem ich ein bisschen Kontakt habe. *(Marcel Zylberman wurde ein lebenslanger Freund bis zu seinem Tod 1994.)* Der Rest ist Gesindel. Kindisch, dumm, egoistisch klagen sie sich gegenseitig bei den Deutschen an. Das sind lettische Freiwillige, ziemlich nett. Ist einer von ihnen mal zu einem Gespräch bereit, rückt man ihnen mit unglaublichen Lappalien auf die Pelle; ich geniere mich dann, sehe aber keine Chance, das zu ändern.

Um einen Menschen wie mich ist es schade, aber um drei Viertel des Rests braucht man keine Tränen zu vergießen, wenn wir hier nicht herauskommen. Sie haben so wenig Einsicht in das, was wirklich tragisch ist an ihrer Situation, dass sie kein Recht darauf haben, Märtyrer genannt zu werden. Falls überhaupt jemand je das Recht darauf hat, natürlich, und Märtyrer ist ein schlechtes Wort. Sie erleben das Abenteuer nicht, oder sie sterben wie gackernde Hühner, das beschreibt es besser. Ich habe keine Lust mehr zum Schreiben, vor allem nicht zum Beschreiben.

MONTAG, 30. MAI. Gestern kam Abel zurück, in Selbstmordstimmung. Er wird nun doch nicht ausgetauscht. Vierzig wurden von der Liste genommen, und der Rest wird, heißt es, nun wirklich bald und so weiter. Heute Mittag, gerade kurz vor halb zwölf, war Alarm; wir kamen um drei Uhr überaus hungrig nach Hause und fanden Mams krank vor. Mein Pessimismus ist groß, zum Beispiel meine ich...

Heute gab es barbarische Strafen und man sah KZ-Szenen. Weil mein Pessimismus siegte, hatte ich keine Lust zum Tagebuchschreiben, merke aber, dass ich ihm jetzt doch verfalle. Zum Glück wird man uns die Papiere wohl abnehmen, falls je etwas wird aus dem Lagerwechsel. Koosje hatte Depressionen und Edgars großes Interesse gab Anlass zu Bemerkungen.

(Fehlgeborenes Gedicht)

11. Juni.
Liebe Jenny, dein Briefchen war eine Überraschung und ich
 1   2   3   4   5   6   7   8   9
kann nur antworten, ich liebe dich und hoffe, wir sehen uns
 10   11   12   13   14   15   16   17   18   19   20
einmal wieder und machen alte Fehler gut. Grüße deine liebe
  21   22   23   24   25   26   27   28   29
Mutter und Bruder. Dein Lode.
 26   27   28   29   30[12]

(Um diesen Brief nach Theresienstadt, der fünfunddreißig Wörter enthalten durfte, inhaltlich zu erklären, Folgendes aus den Aufzeichnungen aus Westerbork):

16. Febr.
I. Alles schläft / ich bin allein wach / drei sind da, die laut träumen im Saal. / Hört sich an wie bestrafte Sklaven, / die um Gnade flehen. / Wer ist ihr strenger Meister? / Vielleicht ihr Gewissen. / Gleich, in meinem Schlaf / wird dies Jenny, Jenny heißen.
II. Auf dem Sonnendach, Monate her / berührte zufällig meine Hand eines meiner Glieder. / Und ich meinte nicht mich, / sondern Jenny zu streicheln, / die damals zwar weit war, jetzt aber weiter. Verlassen, / gleich, in meinem Schlaf, wird es Jenny, Jenny sprechen.
III. Traum: Ich träume mich Maestro, / dieses Westerbork stilisiere ich zum Oratorium. / All diese Gruppen werden hohe Chöre, tiefe Chöre, / jeder singt sein Los als Lied. / Soli gibt's fast nicht. / Einer wird einsam, / wenig Dinge, / er wird gleich Jenny, Jenny singen.
(Ich schrieb dies nachts im Krankensaal, dort träumten Menschen laut und es klang, als flehten sie um Gnade. Jenny war damals noch da und die Verse, die ich sie lesen ließ, schienen sie, wie der Rest meiner Person – wenn auch vielleicht weniger als früher, als sie in Maastricht noch meine Schülerin war –, kalt zu lassen. Am 25. Februar ging sie nach Theresienstadt, von wo aus sie später mit Mutter und Bruder nach Auschwitz weiterdeportiert wurde.
Der Brief, den ich von ihr bekam, nachdem ihr Transport abgefahren war, ist verschwunden. Er bewies, dass sie mehr für mich

---

12 Text auf Deutsch, Nummerierung laut Original.

fühlte, als ich angenommen hatte. »*Das ist es also, was man eine Tragödie nennt, wenn es anderen Menschen passiert*«*, dachte ich.*
Die letzte Nachricht über Jenny ist aus der Spinnerei von Auschwitz. Ist sie vielleicht unterwegs, bei der Evakuierung, gestorben? 1964: Als Jenny zurückkam, stellte sich heraus, dass der Brief von ihrem verstorbenen Bruder geschrieben worden war.)

18. Juni. Wieder weg von der Bekleidung, wo ich mit den Befehlshabenden schlecht zurechtkam. Jetzt arbeite ich bei Pick. Man arbeitet sehr schwer, trotzdem wurde unser Brot einbehalten und wir mussten »Zaunstehen«[13].

Ich fühle mich ganz wohl, weil ich heute Mittag geschlafen habe. Geträumt, dass A. A. böse war, weil ich eine Verabredung nicht eingehalten hatte, und dass ich Dr. C. bitten musste, nicht immer wieder zum Reden zu kommen. Die Wachen hatten es schon bemerkt, und ich verstand sowieso nichts von dem, was er sagte.

Gestern bei der Arbeit hörte ich den Flügelschlag nahenden Unheils, so wie man etwas fühlt, wenn man im Dunklen Angst hat, aber diesmal bei hellem Licht und bei prosaisch harter Arbeit. Es erwies sich als die deutsche Revanche, eine »Kampferinjektion«, wie Pick es nannte, welche tatsächlich die deutsche Moral gestärkt hat. Edgar wird von Mams einen Sommermantel bekommen. Das vorige Geschenk ist offenbar verbraucht, denn er weigerte sich wiederholt, mir Rede und Antwort zu stehen. Die letzte Dose, die keine Nahrung ist und nicht im Depot steht (Mams versuchte schon seit sechs Wochen, dranzukommen, und heute höre ich, dass es systematisch ausgeraubt wurde), hat sich als Butter erwiesen und verhilft uns nun schon seit ein paar Tagen über Tauschaktionen zu ein wenig Essen. Dann ist nichts mehr da und das bedeutet hungern bei schwerer Arbeit. Mams muss nun, da sie doch den ganzen Tag im Lager ist und nicht weiß, wie lange das dauern wird, viel mehr Beziehungen anknüpfen. Ich selbst könnte es nicht besser tun, man hat hier eine Neigung, passiv zu sein, und die schwerste Arbeit unter Kommando zu tun, aber nicht das Geringste auf eigene Initiative hin

---

13 »Zaunstehen« war eine Strafmaßnahme.

für sich selbst. Viel echter als früher wird der Humor, mit dem ich manchmal etwas sehe: früher eine Pose, jetzt zum Teil des Harnischs geworden.

Frostbeule ist Unterbarackenleiter geworden und erwies sich zugleich als unter-bedeutend. Humor: Ich legte meine Jacke nicht neben den großen Scheißeteich, den wir zumachen, wegen des zu kleinen »Fliegen«-Abstands.[14]

In Zukunft werde ich jeden Sonntagmittag erst einmal schlafen. Ich habe noch einen ganzen Schreibblock, das schönste Geschenk, das ich je von Paps bekommen habe. Dass ich mir all meine Freunde als Unterscharführer vorstellen kann, kommt durch die Fuchszeit.[15] Kompaan gleicht Rau, dem Schuft. Dieser war, so stellte sich tatsächlich heraus, auch Bildhauer. Zweimal sah er mich schon arbeiten und sagte nichts, aber man ist, sagt man, in sein Gedächtnis geritzt. Trotzdem blieb ich zurück, als er heute Morgen die beiden besten aus unserem Kommando holte, aus unserem Kommando, dem er heute ein unmögliches »Pensum« auftrug, das schuld sein wird, dass wir morgen oder übermorgen wieder am Zaun stehen müssen.

Lubbe gleicht K.'s Bruder, den ich in Amsterdam schon für einen Dreckskerl hielt. Er war Journalist, und ich dachte an XY, der den Nazis so viele Sympathien entgegenbrachte, dass er aus Überkompensation viel illegale[16] Arbeit tat. Trotzdem würden sich solche Vergleiche als illusorisch erweisen, würde man die Originale daneben stellen. Hoffentlich kann ich bald wieder normal sein. Trotzdem glaube ich, dass diese Mistkerle Menschen sind, und viele Juden sind mir in gleichem oder noch höherem Maße unsympathisch. Wie übel würden sie sich in dieser Position verhalten! *(Die unwillkommene Wahrheit ist, dass in der SS Platz war für jede Art von Charakter, auch für meinen oder Ihren.)*

---

14 Im Niederländischen bedeutet »vlieg« sowohl Fliegen (Insekten) als auch Flug. Wortspiel nicht übersetzbar. Es deutet wohl auf den Ekel des Autors hin.

15 »Fuchs« ist ein Student, der neu bei einer Burschenschaft eingetreten ist; im Unterschied zu vielen zeitgenössischen Burschenschaften in Deutschland waren die niederländischen jedoch grundsätzlich unpolitisch.

16 »illegal« im Original mit griechischen Buchstaben geschrieben.

»Wie würden sie lachen, die Verrückten, würden sie das offene Buch meiner Seele lesen.«

Später werde ich einmal eine wirklich gute Ballade über Sodom schreiben.

Viel ist nicht übrig geblieben von meiner Illusion, ein großer Mann zu werden. Fast alles musste ich der Anpassung opfern; die Erfahrung lehrte mich zum Beispiel, dass ich eher ein Feigling bin als ein Held, eher ein Verräter als ein Märtyrer. Was übrig blieb, ist allerdings steinhart, und anders kann das jetzt auch nicht sein.

Verrückterweise denke ich an Vetter M., den Handleser, und an seine Bemerkung, dass ich vor meinem fünfundzwanzigsten Jahr fertig sein müsste. Meinte er, dass ich danach sterben würde? Ich bin nicht sehr abergläubisch, aber wenn man so blind im Dunkeln tappt wie jetzt, ist man verpflichtet, sogar den geringsten Hinweis aufzunehmen. Etwas von dem, was er sagte, hat sich schließlich als wahr herausgestellt. Aus dem großen Ehrgeiz für später ist nun geworden: ein gutes und angenehmes Leben zu führen und nach der Analyse Jenny zu heiraten, der ich die finishing touches geben werde. Der Narziss kann glücklich verheiratet sein, vorausgesetzt, er hält sich für Pygmalion. Die genannten finishing touches sind übrigens notwendig!

Die Kinder verwildern hier hoffnungslos. Der »Unterricht« ist aus Faulheit, Unfähigkeit, Bigotterie und schlecht verarbeitetem Zionismus zusammengebraut. Mams (die jetzt Lehrerin ist) erzählt, wie die Kinder, wenn sie der Unterricht langweilt, ein hebräisches Lied »herunterleiern«, dessen Text sie nicht verstehen.

Mit Koosje habe ich gerne Umgang, aber 1) war ich diese Woche sehr müde, 2) wollte sie neulich dieses Buch lesen, und das geht nicht. Ich bin wohl ein Backfisch und habe die Absicht gehabt, ein Mädchenbuch zu schreiben, aber so weit gehe ich nicht. Der Traum von den Wächtern hat sich für das heutige Schreiben als schlechtes Omen herausgestellt: Da stand ein Rottenführer beim Federhalter und einer bei der Tinte.

Ich muss mich darum kümmern, falls es mit uns mal schief geht, dass jemand etwas für Jennys Familie tut, die in Theresienstadt gute Chancen hat.

Wenn ich das alles überlese, merke ich an der Prosa, die ich hier schreibe, besser als im Spiegel, wie mich der Aufenthalt hier doch auf den Prüfstand stellt.

Die ganze harte Arbeit der vorigen Woche ist vorbei. Ich arbeite nun im Lager, beim Verschönern der Abwasserrinnen. Pick wird vielleicht Kolonnenführer bei der Bekleidung, sodass ich, wenn es mit meinem heutigen, allgemein als Drückebergerkommando bezeichneten Kommando mal schief geht, immer dort landen kann, wohin ich bis vor kurzem vergeblich versucht habe zurückzukommen. Ich habe jetzt schon mein Frühstück aufgegessen, bekam aber von Karl B. (er hat eine gute Basis, und es ist schade, dass er sich eine so komplizierte Pose zugelegt hat, dass er selbst sie nicht mehr begreift) ein bisschen Traubenzucker. Mit Sanatogen[17], Kakaobutter und etwas Zucker habe ich morgen früh dann keinen leeren Magen. Das Essen ist tatsächlich, wie neulich jemand sagte – und das Selbstverständliche seines Tons war mir damals noch aufgefallen –, das ALLERWICHTIGSTE, DAS ES GIBT.

Warum vergesse ich immer, bestimmte Dinge zu erwähnen, wie zum Beispiel Paps' stereotype Klage, dass ich, sein Sohn, ihn weit mehr tyrannisiere als sein Vater in seiner schlimmsten Zeit? Es geht hier darum, dass eine noble Haltung des in Würde Abwartens und das Nichtanstreben einer Arbeit, für die er sich nicht vollkommen geeignet fühlt, und das Verschmähen von diesem und sich zu gut fühlen für jenes nur allzugut zu der »Totstellhaltung« passen, die Paps gerne einnimmt. Und an ihm ärgern mich natürlich vor allem meine eigenen Fehler, sodass hier eine Streitquelle von einer solchen Potenz entstanden ist, dass die Streitereien eigentlich noch relativ harmlos ausfallen. Mams bekommt nun langsam so viel Hunger, dass wir bald keine Angst mehr haben müssen, dass sie zu kurz kommt. Das Mittagessen isst sie jetzt schon auf. Nur gibt sie noch drei Viertel ihrer dreihundertfünfzig Gramm Brot und den dazugehörigen »Belag« an uns. Sollte das so bleiben (und uns fehlt die Kraft, uns zu widersetzen), wird sie noch krank, und das ist kein Spaß hier, wo man

---

17 Sehr eiweißreiches und nahrhaftes, patentiertes Medikament.

unter 38,5 nicht im Bett bleiben darf und schon kurz nach einer Operation aus dem Krankenhaus geworfen wird.

Um auf das Wichtigste zurückzukommen: Man könnte, wie es Theo Thijssen in »Het taaie ongerief«[18] mit der Kleidung tat, das Essen zum Thema nehmen und alles aus dem Gesichtspunkt eines Essers oder besser eines Hungerleiders behandeln. Das könnte sogar sehr interessant werden, denn alles, was außerhalb des Lagers Politik, Moral, Recht, Literatur, Kommerz, Heroismus, Lyrik ist, handelt hier vom Essen. Nur: als Theo Thijssen sein Buch schrieb, war er bereits ganz gut angezogen, und wenn ich wieder ganz gut genährt bin, habe ich alles über dieses Lager vergessen. Was soll ich, um Himmels willen, machen, und was will ich werden? Es wäre gar nicht so abwegig, ein Buch über das Thema meiner täglich wechselnden Zukunftspläne zu schreiben. Von der Mahlzeit aus Haferbrei, Corned Beef, Käsestückchen und Makkaroni bis hin zur Gewinnung des Nobelpreises für Philosophie. Heute, bei diesem schönen Frühlingswetter und dem dazugehörigen Heimweh (Melancholie ist eine Form von Glück) habe ich am meisten für die Spiegelgracht übrig und für ein Studentendasein in einem Grachtenhaus mit nächtlichen Exkursionen zu Kneipen voller Antiquitäten. Die gröbsten Anachronismen und Imitationen würden mich, so scheint es mir jetzt, nicht stören. Ach, eine studentische Fuchszeit mit seltsamen Festen und eigenartigen Entdeckungen am frühen Morgen. Ich habe von dem allen nur einen Hauch mitbekommen und bin von Natur aus so wenig blasiert! Oder ich könnte einfach in »de Kring« hineinspazieren (wovor habe ich denn noch Angst, wenn die schlimmste Sanktion ein Zehner Buße ist!).

Ich würde in den Ferien vielleicht nach Paris fahren. Mit zehn Gulden in der Woche kann man in Friedenszeiten viel besser leben als hier, unvergleichlich viel besser. In Friedenszeiten kann man einfach so spät draußen herumlaufen, wie man will, und um ungefähr zehn am Künstlerausgang auf eine »richtige« Freundin warten. Doch auch wenn mir das nicht immer bewusst ist, tendiere ich mehr zu einer Ehe mit Jenny, die dies alles hier mitgemacht hat; man ist doch fürs Leben gezeichnet und kann

---

18 »Das ewige Ungemach«.

mit Außenstehenden vielleicht nicht mehr harmonieren? Gott bewahre einen vor so etwas, so schlimm ist es. So schlimm steht es mit dem Rest der Menschheit natürlich auch, und daraus lässt sich erklären, dass das Leben in Freiheit nicht so märchenhaft schön war, wie es jetzt scheint. Nur noch kurz diese Anmerkung: Es sind erst ein paar Wochen, dass ich an die Freiheit denke und darüber phantasiere. Westerbork selbst war interessant genug, um Stoff für die Phantasie zu liefern. Ich zehrte den ganzen Tag von den abendlichen Besuchen bei Jenny und von anderen Abenteuern. Auch hier lebte ich anfangs ausschließlich »hier und jetzt«, verkündete auch die Theorie, dass man das tun und mit permanenter Verbannung rechnen müsse.

5. JULI, MITTWOCH. Da ich bei dem großen Umzug ein oberes Bett ergattert habe, entfällt eine Entschuldigung für das Nichtschreiben; dafür bekam ich eine andere zusätzlich, weil von dem am Donnerstag plötzlich abgereisten Palästina-Transport jedes Stück beschriebenes Papier zerrissen wurde! Nun, eine Woche später, fühle ich erst, wie sich meine Zukunftspläne von Onanie-Phantasien zu realer Vorfreude hin verändert haben. Der Austausch ist eine Tatsache; er kann nie mehr endgültig misslingen, solange der Krieg dauert.

Mams hat sich bei dem Umzug heldenhaft geschlagen. Erst zog sie selbst um (wir standen ihr mehr im Weg herum als sonst was: nur dass es uns unseren Sonntagnachmittag verdarb), und als sich am folgenden Morgen herausstellte, dass Paps und ich auch weg mussten, machte sie unser beider Umzug auch! Abends zeigte sich, dass es sich um einen Irrtum gehandelt hatte, und sie musste wieder umziehen. Ich konnte ihr nicht helfen. Plötzlich hatte unser Kommando, bis dahin ein herrlich faules Kommando, eine andere Arbeit und der Rottenführer eine andere Laune bekommen, und wir rannten wie die Sklaven in Ägypten mit Tragbahren voller Sand, sodass ich abends nicht mehr laufen konnte. Gestern und heute ist das wahnsinnige Tempo wieder bis unter die Arbeitsgrenze gesunken.

Die Luft ist voller IPA's[19] über neue Transporte, von hier weg,

---

19 Abkürzung für: Jüdische Presse-Agentur.

hierher (deshalb die große Umzieherei: zwei große Männerbaracken stehen jetzt leer), über den großen Sieg und so weiter. »Die Luft geht auch schwanger.« Dass meine Eltern mich füttern, hat zur Folge, dass meine füllige Figur den Neid aller anderen weckt, wenn ich mit freiem Oberkörper arbeite. Dazu gab ich übrigens den Anstoß, und wenn das Wetter schön ist, tut es jetzt jeder. Ich bin braun wie ein Neger. Personenbeschreibung (für eine spätere Verfilmung): westlich feminines oder orientalisch männliches Gesicht, das Weiße im Auge weiß, schlecht rasiert, doch nur ein Ringbart, der die Wangen frei lässt. Guter Oberkörper, Arme nicht überflüssig muskulös, sehr schlechter Unterkörper: breites Becken, klein gebaut, O-Beine mit wenig Waden und zu kurz. Schlechte Haltung. Eindruck: feminin. Meine Eiweiß-Hypochondrie schreibt dem Eiweißmangel zu, dass ich hier noch weiblicher und jünger aussehe. Früher hätte ich das schrecklich gefunden. Jetzt gehe ich schlafen.

9. Juli. Montag fand ich meine Brille wieder. Ich habe das Gefühl, nun ein kostbares optisches Instrument bekommen zu haben, das mich in die Lage versetzt, wie ein Adler kilometerweit meine Beute zu erspähen, wie heute Nachmittag eine Kippe, die Edgar fallen ließ. Alles bekommt Spielzeugcharakter, wahrscheinlich deshalb, weil ich als kleines Kind noch nicht kurzsichtig war und die Dinge jetzt wieder durch Kinderzimmeraugen sehe. Das Essen war gestern vorkriegshaft gut, heute aber so schlecht, wie man es sogar in Cayenne oder Sibirien nie gesehen hat. Eine bestimmte Politik verfolgt man damit nicht, es ist alles Zufall. Die Montenegriner sind Mordskerle, in Lumpen gehüllt, etwas ganz anderes als die blöden Italiener aus Benghasi. Wenn Letztere beten (sie wohnen in derselben Baracke, durch die hölzerne Innenwand, an der ich liege, von uns getrennt), zeigt sich, dass sie genauso gut Mohammedaner hätten sein können.

Das Nichtstun allein war heute Nachmittag ausreichend attraktiv. Vorgestern fingen wir um drei Uhr plötzlich an, Stacheldraht zu spannen, was sehr schnell gehen musste, während man uns bis dahin wie verrückt mit Beschäftigungsarbeiten hatte schuften lassen. Todmüde fingen wir an und um elf Uhr dreißig abends waren wir fertig und fühlten uns frisch und munter. Solch ein Unterschied ist es, was für eine Arbeit man macht! Doch heute spürte ich die Reaktion.

Paps hofft nun endgültig auf Arbeit in seinem eigenen Beruf (ein Kinderpsychiater ist hier wirklich sehr nötig) und glaubt, dass es klappen könnte, weil die Montenegriner morgen anfangen zu arbeiten. Unter den eintausendsiebenhundert Ungarn, die heute Mittag endlich kamen und an die wir einen großen Teil des Lagers verloren haben, scheinen viele Palästina-Zertifikate zu sein. Ominös: die waren in Budapest doch näher bei Istanbul als hier. Übrigens sind vom Palästina-Transport schon Briefe aus Wien angekommen: prima Reise und Behandlung. Unser Vorrat ist nun endgültig alle. Von den tiefsinnigen Dingen, die ich heute hatte schreiben wollen, fällt mir nichts mehr ein. Nur dass ich heute, beim Sandschleppen, plötzlich genau begriff, was élan vital ist; eingedenk der Homoiologie von Organen. Obstacles tournés sind, was wir sind. Auch die tote Materie vitalisieren wir durch unsere Technik. Wir: das ist das Leben, die »obstacles tournés«.

Koosje heute nicht gesehen. Ich habe sie schrecklich zu kurz kommen lassen. Per Saldo arbeitet sie mehr als sechzehn Stunden am Tag. Aber ich heirate ja Jenny. Frauen von Kriegsgefangenen sind gestern aus Theresienstadt hierher gekommen, sie kannten ihre Familie nicht. Sehr viele Menschen, die ohne triftigen Grund dort hingeschickt wurden, sind weiter deportiert worden.

12. JULI, MITTWOCH. Heute liege ich im Bett mit Epididymitis oder Orchitis. Mich durchströmt eine große Euphorie, weil ich reichlich gegessen habe. Ich habe gegessen und geraucht, somit muss ich, alles in allem, zufrieden sein mit den letzten drei Jahren. Wenn auch nur – pathetisch vielleicht, aber wahr –, wenn auch nur, weil ich Flaps meisterhafte Beschreibung des Bevölkerungsregister-Prozesses lesen durfte, ein aus seiner Zelle geschmuggeltes, mit so wenig Pietät behandeltes Dokument, dass schon damals eine Seite fehlte, ein spannendes, nüchternes Stendhalianisches chef-d'œuvre, das in Brouwers Bemerkung gegenüber Flap kulminiert, dass es ihm sehr viel Vergnügen ge-

macht habe, Flap kennen zu lernen, und dass es nur schade sei, dass dieses Kennen von so kurzer Dauer gewesen sei...

Ich habe gearbeitet. Bleulers »Psychiatrie« ist trocken, und ich scheine wegen einer gewissen Flucht aus der Realität trockene, abstrakte Lektüre zu mögen. Vor einem Jahr beschäftigte ich mich mit dem psychischen Monismus, mit dem Übersetzen eines Essays von Huxley, hatte gerade mit der Analyse begonnen, war glücklich und war mir dessen bewusst. A. kam jeden Tag, um mich zu erregen und manchmal zu befriedigen. Mit Flap, an den ich oft denke, lief es damals schon schlecht, aber ich machte mir nicht viel daraus. Vic hatte ein Stück Prosa von mir nicht schlecht gefunden. Das Glück von damals assoziiere ich wahrscheinlich mit der ernsthaften, trockenen Lektüre von Bleuler. So kann man einen Vorrat an Glück haben und aufbrauchen. Fange ich jetzt langsam an, trockene Lektüre statt mit Glück mit Epididymitis zu assoziieren? (So schaut ein Fund aus, den ich Paps in zehn Minuten nicht erklären konnte.)

Paps ist von den Schuhen weg, bei der »Jugendbetreuung« – so wie Dr. L., sein Kollege und jetzt sein Konkurrent. L. nun, bis gestern eine lebende Leiche, ist plötzlich sehr aktiv und MSW (*macht sich wichtig, nächste Stufe: MSBW: macht sich besonders wichtig*) geworden. (Wies er mich nicht einmal mit nachdrücklichen Argumenten auf Paps' Gehemmtheit und Unfähigkeit zu origineller Leistung hin?)

(*Erklärung 1964: Die Bemerkungen über Dr. L. sind verwirrt und kryptisch. Das liegt an den widerstreitenden Gefühlen, deren Beschaffenheit ich damals nicht erkannte. Er hatte sich sehr freundlich zur Verfügung gestellt, um Gespräche mit mir zu führen. Er wusste, dass meine eigene Analyse in Amsterdam nach wenigen Monaten unterbrochen worden war. Es wird dem Leser wohl schon aufgefallen sein, dass ich damals eine ziemlich starke Bindung an meine Eltern hatte. Im Prinzip zu Recht sah Dr. L., dass sich hier ein Hindernis für eine weitere Gefühlsentwicklung verbarg, und besprach mit mir das Übertriebene an der Bewunderung, die ich zum Beispiel für meinen Vater hegte. Doch nach dem, was meine o.g. maliziöse Verzeichnung seiner Bemerkungen zeigt, wollte ich mich damals, unter diesen Umständen, jener Tatsache nicht stellen. Dazu kam noch, auch wenn es bisher noch nicht zur Sprache kam, dass ich mich dem in Amsterdam zurückgebliebenen Analytiker gegenüber sehr loyal fühlte. Besonders misslich war, dass Dr. L., einige Wochen vor uns in Bergen-Belsen angekommen, besonders schlecht aussah, sodass ich riskierte, mich an jemanden zu hängen, der bald sterben würde. Jedenfalls habe ich mich scheu und mit Schuldgefühlen von ihm abgewendet. Dass es an meinem Loyalitätskonflikt lag, wird allerdings an meiner Bemerkung deutlich, dass er Vaters »Konkurrent« geworden sei. In Wirklichkeit betrachteten die beiden Herren einander nicht als Konkurrenten.)*

DONNERSTAG. Mit Bleuler nicht viel weiter gekommen. Auch früher ist mir die Lust oft schnell vergangen, um etwas später zurückzukommen. Übrigens hat sich gegenüber früher nichts fundamental verändert.

Der Hoden ist groß, aber wegen eines Analgetikums habe ich keine Schwierigkeiten. Die gestrige Euphorie ist verschwunden, ich leide wieder unter einem reizbar machenden Zuviel an Schlaf, bekannt aus Blaricum und von dem Atelier, in dem ich mich während der Razzien versteckte. Viel Schlaf verschafft natürlich vollkommen narzisstische Befriedigungen und lenkt von der Wirklichkeit ab. Früher habe ich die Nächte oft durchgemacht.

An Karl machte ich deutlich, dass man »dies hier« (eine mir unsympathische Formulierung, vor allem wenn sie religiös-pathetisch ausgesprochen wird) nur in Termini des Vorkriegsalltags beschreiben kann, das Essen von gestern, zum Beispiel, als eine Portion Reis, so groß, wie man sie als Beilage zu einem Gang einer Mahlzeit zu sich nehmen würde, verdünnt in einem Liter heißem Wasser. Absolute Gegebenheiten sagen nichts. Wie soll ich je wieder mit Henk Frieden schließen? Karl bekommt jede Woche ein Paket, das ihm und seiner Mutter über das Minimum hinweghilft. Es ist klar, dass es Henks Schuld ist, wenn wir nichts bekommen. Sollte ich je als Waise zurückkommen, dann ist es Henks Schuld; die hemmenden Faktoren: schwer zu besorgen und Angst, dass die Sachen geklaut werden, gelten schließlich auch für diejenigen, die sehr wohl etwas schicken! *(Eine vollkommen ungebührliche Tirade, eine Beschuldigung aus eigenen Schuldgefühlen heraus, denn ich aß selbst einen Teil der Portionen meiner Eltern auf.)*

Sollte sich herausstellen, dass Henk zum Beispiel gefangen ist, dann sind andere verantwortlich. Das alles macht mich kribbelig; es gibt keine Möglichkeit, Einfluss auszuüben, außer vielleicht bei der ersten sich bietenden Gelegenheit einen Brief an einen Berliner Geschäftsfreund zu schreiben. Solche Briefe kommen manchmal durch. Der Austausch scheint vorgenommen worden zu sein. Wann sind wir dran, falls es je soweit kommt?

Samstag, 15. Juli. Statt wieder arbeiten zu müssen, wurde ich heute Morgen zu meiner Verblüffung ins Krankenhaus aufgenommen. Weil ich erst nach dem Mittagessen umziehen durfte, fiel Paps' Geburtstag nicht vollkommen ins Wasser. Gleich gibt es auch noch Gebäck, und die Einsamkeit (die relativ ist, ich kann mit allen durch den Stacheldraht sprechen und sehe jeden, der vorbeikommt) fällt mir nun mal nicht schwer. Meine Mutterbindung speist sich zum größten Teil aus kulinarischer Nahrung! Wie das möglich ist, verstehe ich nicht, aber ich darf nichts verschweigen.

Mams' erschrockenes Gesicht, als sie die Neuigkeit erfuhr, war unangenehm. Fast genauso schlimm war die Entdeckung, dass der Schreibblock weg ist. Gibt es dann bald kein Schreiben mehr? Dass der Dieb das hervorragende Papier aller Wahrscheinlichkeit nach für seinen Hintern gebraucht hat, ist ein schwacher Trost.

Hier habe ich ein oberes Bett und schaue durch das Oberlicht bis weit ins Frauenlager hinein. Wenn es regnet, ist es hier gemütlich. Die Disziplin ist in diesem »Krankenrevier« weniger lästig als in dem in Westerbork. In der Regel fühle ich mich weniger schnell zu Hause; der Aufenthalt hier wird aber nicht lange dauern, fürchte ich. Schließlich geht es mir schon besser, und vermutlich sieht Dr. Alalouf (der Erfinder der sog. septischen Arbeitsmethode) länger bestehendes Bindegewebe als etwas gerade neu Entstandenes an. Dass ich am Mittwoch Tineke vergaß, liegt unter anderem daran, dass ich nicht gerne hinschrieb, was sie alles auf die Beine gestellt hat, um mich fliehen zu lassen. *(Ich schreibe es auch jetzt nicht hin.)* Mein Verhalten ihr gegenüber legt kein gutes Zeugnis für mich ab.

Dies alles, weil mich mein hohes Bett an Tinekes »Schlafkoje« erinnerte. Von diesem hohen Bett aus sah ich durch das Oberlicht den ganzen Nachmittag meine Kolonne schwere Behälter mit Sand schleppen. Auch das versüßt meinen Aufenthalt hier.

SONNTAG, Siesta, Wecktraum von Mams, die ein Extra bringt, indem die Pflegerin in Mams' Namen ein Extra bringt... Als verbindendes Motiv, das Kind hier neben mir, das ununterbrochen »Mamichen, Mamichen« ruft (das Kind hat Lungenentzündung). Danach Dr. Arons, der feststellte, dass die rechte Gesichtshälfte ödematös ist. Also entweder eine Art Mumps, der manchmal auf die Hoden schlägt, oder das normale Unterernährungsproblem, das man hier pathetisch »Hungerödem« nennt und das wegen Eiweißmangel entsteht, was bei mir ausgeschlossen ist, da ich ja gerade wegen meiner Eiweiß-Hypochondrie viel Eiweiß abbekomme, das meine Eltern »verschmähen«: Milchpulver, das Mams gegen ein Paar Socken tauschte und das wirklich schlecht schmeckte, von dem aber der ärgste Gestank durch »Rumessenz« wegging. Ich glaube also, dass Dr. A. sich irrt, wenn er sagt, dass es »mit Ruhe und gutem Essen« wieder in Ordnung kommen wird. Er hat jedoch viel zu sagen, und wenn er dafür sorgen will, dass ich noch ein bisschen länger hier bleiben kann (auch eine Möglichkeit), dann ist mir das recht. Ich wollte schon längst rekapitulieren, was ich von meiner Analyse noch im Gedächtnis behalten habe...

MONTAG. Thema: »Der Gestank der Wunden meines Nachbarn von unten lockt die Fliegen an.« Heute, da ich zum ersten Mal mein eigenes Brot verwalte, merke ich, wie sehr sich meine Eltern bisher eingeschränkt haben. Man kann einfach nicht damit auskommen. Ich schaffte es, obwohl wir es für drei Tage auf einmal bekamen, heute Abend zwischen einem Sechstel und einem Drittel davon aufzuessen und für morgen früh etwas zurückzuhalten. Angesichts dieser Umstände muss ich unbedingt in die Küche kommen! Dann – ich werde anschließend vorläufig nicht mehr vom Essen reden – bekam Abel zum dritten Mal Sardinen aus

Portugal und hatte die unglaubliche Kraft, mir eine große Dose abzugeben, das heißt, meine Eltern wollen, dass ich sie aufesse...

Paps und Mams haben heute dreimal alles in allem fünfeinhalb Stunden Appell gestanden und sehen beide viel schlechter aus als ich. Ich habe kein Hungerödem. Paps jedoch wurde böse, als ich ihm das erklärte, warf die Dose durch den Zaun herein und lief weg. Ich kann das wirklich nicht annehmen und weiß nicht, wie ich mich beherrschen soll; ich wüsste nicht, was ich zu unseren Freunden und Bekannten sagen könnte, würden meine Eltern je durch meine Schuld sterben.

Bei der Lektüre von Shakespeare fällt mir wieder auf, dass ich Stücke mit schlechtem Ausgang nicht ertragen kann. Ich überschlage lange Passagen, um der Spannung zu entgehen. Bei Peisithanatos hingegen kostete es mich keine Mühe, Heinos freiwillig sterben zu lassen, noch dazu mit dem Wissen, dass man seine Motive falsch interpretieren wird.[20]

Nun kommen die Eltern doch und bringen Brot, und zwar noch mal so viel, als ich schon gegessen habe. Wieder ließ ich mich einlullen. Ich selbst tauschte, schwacher Verräter, einen Löffel Zucker gegen eine Zigarette. Marcel Zylberman ist bei der Bekleidung mit all diesen Mistkerlen, die was zu sagen haben, zusammengestoßen. Er hat Angina und hofft, morgen hier aufgenommen zu werden. Morgen, heißt es, wird das Essen wieder etwas Nahrhaftes enthalten. Nun, da ich ein Auge dafür bekommen habe, sehe ich überall Leute speisen mit Brotscheiben von der Größe zweier Briefmarken; bisher schien es mir immer so, als äße jeder ganz gut. Wird sich die poetische Ader noch öffnen, bevor ich, wahrscheinlich übermorgen, entlassen werde?

Ich muss aus Papiermangel wohl auf Poesie umsteigen. Ist so etwas in der Literaturgeschichte schon einmal aufgetaucht? Wenn ich klein schreibe, kann ich vorläufig mein Tagebuch weiterführen. Mein Untermann stinkt, die Fliegen besuchen erst seine eitrigen Wunden, machen dann einen Ausflug zum Durch-

---

20 Peisithanatos war ein Philosoph, der Selbstmord predigte. Der Autor bezieht sich in dieser Passage auf ein Theaterstück, das er als Sechzehnjähriger geschrieben hatte und das, wie er sagt, glücklicherweise nie jemand gelesen hat.

fall und ruhen sich auf meinem Brot aus. Es sind sehr aktive, wollüstig summende Fliegen, die auf dem Tisch bumsen und bereits jetzt, Anfang Juli, eine Plage sind.

Schon wieder Palästina-Transport-Gerüchte, die ich nicht glaube. Für einen Transport kommen eher die Ungarn in Frage, die wirklich vortrefflich behandelt werden.

Auch Paps streitet mit den Proleten, um sich die Zeit zu vertreiben. Das ist ein Fehler, den wir gemeinsam haben und der mir doch sympathisch ist.

DIENSTAG. Heute habe ich sie eine Woche zum Besten gehalten. Marcels Abenteuer bei der Bekleidung: C., ein Gauner, der mit den Albanern, denen es an allem fehlt, Kleidung gegen Essen getauscht hat, kam in den Bunker und zur Strafe zur Bekleidung (er arbeitete erst im Lager). Er versteht ein bisschen Französisch, gerade genug, um Marcel die Möglichkeit zu geben, ihm die Wahrheit zu sagen. Der Querulant C. verzeiht so etwas nicht.

Ein paar Tage später (verdammt, wie dieser P. stinkt, schrecklich, kaum auszuhalten!) macht Marcel zu wenig, der Mof ruft C. als Dolmetscher. Marcel sagt zu ihm: Tu so, als würdest du nicht genug Französisch verstehen. Aber der eitle C. wird doch nie eine Gelegenheit vorbeigehen lassen, sich in den Vordergrund zu stellen! Beflissen kommt er angelaufen, übersetzt: Kannst du nicht arbeiten oder willst du nicht? Woraufhin Marcel antwortet, er könne nicht, er habe Hunger und würde immer schwächer, und dass er für jemanden, der siebzehn Jahre alt sei, unter diesen Umständen sehr schwer arbeite. C. übersetzt das ins Deutsche, macht es aber, sei es aus Dummheit oder bösem Willen, viel frecher. *(Es war so selbstverständlich, dass der arme Marcel eine Tracht Prügel bekam, dass ich dafür keine Tinte verschwendete.)*

Ein anderer, der C. als Verräter beschimpfte, musste das schwer büßen, denn C. beschwerte sich daraufhin bei den Deutschen, wie um den Vorwurf zu bestätigen.

Heute Nacht habe ich im Schlaf geweint und gesagt: »Ich will sehr heißes Essen haben«, und habe mich weiter in der unverständlichen Geheimsprache geäußert, die Paps und ich untereinander sprechen. Gott sei Dank, denn es ging vielleicht um Essen.

»Das Allerwichtigste, was es gibt.« Ich begreife die Mentalität einer gewissen Art von Brotdieben. Das Brot ist so lecker, es hat so einen ehrlichen Geschmack, es beinhaltet so sehr den Charakter mütterlicher Labung, dass es nicht einfach ist, den Begriff »Missetat« damit zu assoziieren. Eine andere Art Diebe tauscht das Gestohlene gegen Zigaretten. Auch das kann ich verstehen... Der Doktor sagt gerade: presque rien. Man tröstet mich hier, dass das Montag bedeutet, aber ich fürchte, es ist eher.

Abendstimmung. D.A.W.E.G.[21] war besonders gut heute: eine Dose »Rotkohl« erwies sich als Schinken. Paps hat es bei Alalouf erreicht: »Encore quelques jours.« Außerdem, solange ich hier bin, zusätzliches Essen. Lawrences »Twilight in Italy«. Es gibt eine Art Menschen, mit denen ich, obwohl das Gegenteil nahe liegen würde, keine Verwandtschaft empfinde. Die Philosophie mag ja dadurch, dass sie die Qualitäten zusammenführen will und nach dem Absoluten strebt, die Wirklichkeit und ihren Reichtum verleugnen; die Wissenschaft mag durch immer weitergehende Desanthropomorphisation dasjenige verwahrlosen, um das es gerade geht; der Intellektuelle mag schließlich hinter dem Künstler zurückstehen, zugegeben, aber Lawrence ist ein Schwätzer. Allerdings stehen hübsche Beschreibungen in dem Buch (»sunny in their colourlessness«) und es ist weniger unwesentlich als seine anderen Bücher.

Der Kommandant *(das war Haas, Kramers Vorgänger)* fuhr mit seinem Auto bis vor die Damentoilette der Seidenraupenzucht und schrieb sechzig Damen auf, die dort saßen. Diese bekamen keine Butter. Er ist der größte Bandit[22] von allen, auch der grundsätzlichste Antisemit, and he looks it.

(Meine Meinung wurde von den Vorgesetzten dieses Kommandanten nicht geteilt. Er war zwar ein Nazi der ersten Stunde, aber in seiner persönlichen Akte stand, wie sich herausstellte, die Bemerkung, er sei für höhere Funktionen unbrauchbar, trotz einer gewissen Begabung für die »Kommando-Sprache«. Einer der Gründe, weshalb er seine Position im Aufenthaltslager Bergen-Belsen verlor, war, dass er sich von einem Juden ein Porträt malen ließ, was den

---

21 Das Allerwichtigste, Was Es Gibt.
22 Im Original ist »Bandit« mit griechischen Buchstaben geschrieben.

höheren SS-Autoritäten zu Ohren gekommen ist. Er bekam dann den Befehl, das Gemälde auf der Stelle und im Beisein von Zeugen zu vernichten.)

MITTWOCH. Unmöglich zu beschreiben, wie ich mich fühle. Ich habe Urlaub, aber Urlaub gibt es hier nicht, also fühle ich mich schuldig. Ich darf mich keiner Urlaubsstimmung hingeben, weil ich nicht weiß, wie lange es noch dauert. Die Sonne scheint, aber ich wage nicht, mich in die Sonne zu legen, weil ich, prekär, wie mein Zustand ist, nicht auffallen möchte. Ich bin gesund, muss mich aber wie ein Kranker verhalten. Das Bedürfnis nach Ruhe war nach drei dienstfreien Tagen reichlich befriedigt. Hier werde ich schlapp. Und dazu kommt noch, als Schlimmstes, das elend schöne Wetter, das mich so lebhaft an andere Sommer erinnert. Man hält mich hier widerrechtlich fest! Man behandelt mich ungerecht! Wo kann ich mir die Jahre zurückholen, die mich das kostet, die besten Jahre, um etwas zu lernen? Und das alles, ohne dass irgendjemand einen Nutzen davon hat... Später, wenn ich Rechenschaft fordern kann, besteht die SS nicht mehr, freundliche Funktionäre zucken höflich mit den Schultern. (Das steht so in Romanen, in Wirklichkeit ist es unhöflich, mit den Schultern zu zucken.)

Endlich, nach fünf Jahren Krieg und drei Jahren Verfolgung, bin ich so weit, wie es mir ein Leser wohl immer unterstellt: wütend. Bis vor kurzem hatte ich eigentlich nur Angst. Die hätte ich immer noch, wenn ich nicht voraussehen würde, dass sie verloren sind und dass alles umsonst gewesen ist! Diese dummen Bauernlümmel, die unbedingt den Politiker raushängen lassen mussten! Vielleicht bleibe ich die ersten drei Jahre nach dem Krieg noch hier, um wenigstens etwas Sinnvolles daraus zu machen.

Der Mann, der in der Baracke unter mir lag, ist tot. Er war ein Ekel. In meinem Bett liegt nun der Junge, der damals Anlass war für den Zwischenfall in Schuhe II. Er kann angeblich nirgendwo anders seine heiligen Bücher lesen. Trotzdem muss er da raus. Das heutige Mittagessen Menschen zu geben, die zwölf Stunden arbeiten müssen, ist schlimmer als Mord, es ist Hohn. Dennoch gelüstet es mich nicht nach Rache, es ist eine andere Art Wut. Ich würde sie gern von ihrem Unrecht überzeugen. So naiv sind meine Affekte.

Eigentlich bin ich ein schlechter Tagebuchschreiber, mir fehlt die Gewissenhaftigkeit, alle Details, die in eine Richtung weisen, sorgfältig aufzuschreiben, sodass der Leser meine wachsende Spannung fühlt, die sich dann bei bestimmten Ereignissen entlädt. Bei mir hingegen scheinen die Ereignisse einfach aus der Luft zu fallen, weil ich in den vorhergehenden Tagen zwar Details beschrieb, aber nicht die charakteristischen. Ich wünschte mir, das Holländische hätte Worte wie das Deutsche, zum Beispiel »Sorgfalt«, »Wohlklang« usw.

Das Essen darf nicht aus Geringschätzung übergangen werden. Wenn es Details gibt, die hier in Ereignissen münden können, dann sind es solche, die mit dem Essen zu tun haben. Zum Beispiel dieses: »Abends aß ich wieder sehr viel.« Das bedeutet nämlich, dass wir nachgerade drei Rationen Brot im Rückstand sind, dass wir nichts mehr zum Tauschen haben und dass ich hier wegen der Untätigkeit nicht einmal vollständig vom Eiweiß profitiert habe. Falls nun eine Katastrophe kommt, ein paar Tage nach meiner Entlassung hier, dann ist die Katastrophe logisch vorbereitet.

»The Picture of Dorian Gray« ist ein sehr gutes Buch, so etwas hätte ich früher gern selbst geschrieben – jetzt nicht mehr. Die Paradoxien sind ein einfacher Trick. »Das Typische am Essen ist gerade, dass man solch einen Hunger davon bekommt.« – »Du willst doch nicht sagen, dass man Hunger nicht bekämpfen muss? Begreife doch, dass das Einzige, was wir dagegen tun können, essen ist.« – »Die größten Hungerleider, die ich gekannt habe, waren zugleich die wildesten Esser.« – »Aber ich finde den Hunger so hässlich...« – »Bravo, junger Mann, das ist eine glänzende ästhetische Begründung des Essens.« Dagegen ist der Rest sehr »filmisch«. Ich habe das Buch nicht als Buch gelesen – abgesehen von einigen Paradoxien, nicht allen, die doch sehr papieren waren –, sondern als Film.

Von mir aus mag er als schöner Bösewicht posieren, »Individualismus und Sozialismus« ist mir das liebste Buch, das ich kenne. Der Mann hätte ein Jugendfreund von Mams sein können. Ich beteilige mich an der Mode, den Schriftsteller hinter seinem Werk zu suchen, obwohl es meiner Natur eigentlich widerspricht. *(Was für ein snobistisches Gequatsche! Dabei habe ich die Hälfte schon weggelassen.)*

Ob ein Schriftsteller wie Vic etwas von diesen Anmerkungen hat, wenn ich selbst nichts mehr davon haben kann? Wenn es wahr ist, dass ein Blanko-Zertifikat für ein paar Tausend Juden angekommen ist, und wenn wirklich das Lager in ein paar großen Transporten aufgelöst wird, sehe ich eine Chance, mein Werk hinauszuschmuggeln.

DONNERSTAG. Schon wieder ein lange vernachlässigtes Detail: Wenn ich nicht unerwartet aufgenommen worden wäre, hätte mich die nette Frau van L. in der Baracke besucht. Das war Pech. Gestern Abend sah ich sie wieder, und das Gespräch durch den Stacheldraht hatte den geringeren Widerstand der Männer zum Thema, die Tatsache, dass die Frauen hier ihre Männer nicht brauchen, dass aber die Männer sich auf ihre Frauen stützen. Auch habe sie gemerkt, wie viele Frauen hier Liebhaber hätten. Tja, sagte ich, je mehr man das merkt, um so weniger Gelegenheit gibt es.

Falls ich noch einmal im Bett liegen sollte, dann aber mit einem anderen Übel – es ist jedenfalls ein Trost, sie hier im Lager tätig zu wissen. Ich habe jedoch damit angegeben, dass ich Verse schreibe und mit einer Ballade über Sodom beschäftigt sei. Angeben weckt bei mir oft ein Schuld- oder besser: ein Schuldigsein-Gefühl, sodass es für mich feststand, nachdem ich es gesagt hatte, dass ich heute endlich die Sodom-Ballade schreiben würde. Es stellte sich jedoch heraus, dass ich, wenigstens heute Morgen, keine Lust habe, Gedichte zu schreiben, und als ich – auch mit Blick auf eine eventuelle Rezitation – meine Arbeiten rekapitulierte, fand ich nicht mehr viel daran. Wahrscheinlich werde ich also sagen, die Sodom-Ballade sei zwar fertig, habe aber meinen hohen Anforderungen nicht entsprochen und sei im Feuer gelandet. Das ist fast so gut, als hätte ich sie geschrieben! Das Thema kann ich übrigens ruhig mitteilen: Sodom brennt. Ein Strom Flüchtlinge kommt heraus. Ich bin einer der Wächter zu Pferd und empfinde eine gewisse Verwandtschaft mit den Sodomiten. Mit einem vorzüglichen Gefühl von Grausamkeit, gemischt mit Reue, zeige ich den Flüchtlingen den falschen Weg und sie kommen elendiglich in dem Treibsand um, der offenbar – denn das habe ich mal geträumt – neben dem Weg lag. Die Vorstellung ist der Bilderbibel von Doré entlehnt, denke ich, und aus Lots Familie sind ganze Scharen geworden. Heute Nacht (im Traum) brannte übrigens »paries proximus«[23], und wir hatten kein Wasser zu Hause.

Typisch für die Bedeutung der »Partialtriebe« hier: Das WC weckt manchmal derartige Lustgefühle und der Tag verläuft in einer so träumerischen Atmosphäre, dass ich mich neulich auf der Latrine plötzlich erschrocken fragte, ob ich nicht träumte und dabei war, ins Bett zu machen. Außerdem zeigte sich, dass ich den Leser zu kurz kommen lasse, denn gestern Abend waren sich alle einig, dass jemand, der schreiben könne, den großartigsten Stoff bei all den seltsamen Typen finden würde, die man hier sieht. Es tut mir Leid, ich bin nicht dazu disponiert. Nur Bosman, Gott soll ihn bewahren, der hier mit schwerer Lungenentzündung aufgenommen wurde, schien mir ein Mensch zu sein und ist dabei doch ein Typ.

Typen von früher zu beschreiben, reizt mich mehr: Ada, die katzenartige Frau mit ihrem weißen Kätzchen. Eines Tages brachte sie es mit, und auf unserem karierten Parkett starrte es wütend unsere pechschwarze Katze an, und die weiße und die schwarze Katze, gleich groß, sahen auf dem karierten Parkett aus wie ein Schachspiel. Das war drei Tage, bevor wir abgeholt wurden, und meine Chancen waren gut, gegen Adas Freund vielleicht zu gewinnen. Ich hätte Ada gern geheiratet. Eine schwarze Katze, als Straßenkatze nur muskulöser als unsere, saß vor einem Bahnwärterhäuschen auf dem Weg nach Westerbork. Paps warf einen Brief hinaus, der Bahnwärter machte ein Zeichen: »gesehen«. Da musste ein anderer aus dem Abteil auch einen Brief schreiben und ihn so ungeschickt aus dem Fenster werfen, dass unsere Wache angelaufen kam und beide Zettel zerriss. Die Katze hob die Pfote und leckte sich eifrig.

Abendstimmung: Die Pickel auf meinem Po stellen sich als

---

23 Gemeint ist: Wenn das Haus deines Nachbarn brennt, dann ist es auch deine Sache.

Impetigo heraus. Werden nun mit Prontosil und Schwefelsalbe behandelt. Das ist bestimmt ein psychischer Mechanismus bei mir, um den Aufenthalt hier zu verlängern, außer dass auch noch infizierte Flohbisse eine Rolle spielen. Heute Abend würde ich gerne die van der V.'s sehen, auch wenn es nur hier am Zaun wäre, und morgen die Familie van L. Viel Erfolg hatte meine alberne Bemerkung, dass ich mich über mein Impetigo freue, weil ich nun in Gesellschaft erzählen könne, was ich tatsächlich habe. Vor allem der anständige Dr. Arons fragt mich in Frauengesellschaft, was mir fehlt, und ich antworte mit einem Zwinkern: Impetigo, Doktor.

Es hat eine Schlacht um rohe Steckrüben gegeben, die Kinder stürmten die Körbe und raubten sie leer.

FREITAG. Dadurch, dass ich mit vielen zugleich flirtete, habe ich mir meine Chancen bei einer schönen Jugoslawin verdorben: nitschewo[24]. Wie weit ist es mit meiner Austrocknung schon gekommen! Die Männer finde ich so nett, weil diese wohlwollenden, affenartigen, alerten Kerlchen aus der Ferne an Flap erinnern. Das bisschen Brot tauschen sie gegen Kleidung; ich verschenkte ein Hemd, am nächsten Tag vermisste ich es bereits. Mein Aufenthalt hier wird bis Montag dauern, wenn ich Glück habe, bis Dienstag. Bis jetzt hatte ich oft erhöhte Temperatur. Jetzt liegt sie unter siebenunddreißig, wegen Prontosil.

Unter mir hat jemand ein Gangrän am Bein, das riecht wie der Käse, den wir gestern bekamen. Es ist eklig, denn die Fliegen sammeln sich darauf, und er hat auch wieder Durchfall. Ich finde ihn noch dazu widerlich, ein alter Stinker. *(Er hatte im Ersten Weltkrieg in der deutschen Armee gekämpft und meinte, wenn ich noch nie »eine Attacke geritten« hätte, wüsste ich nicht, was ich verpasst hätte.)* Wie sehr es mir an Mitgefühl mangelt, illustriert das Folgende: Eine der Frauen aus Theresienstadt wurde von Neugierigen bestürmt. Eine Frau drängte sich nach vorn: »Und haben Sie auch meinen Sohn kennen gelernt, Dr. H.?« Mein Gedanke: »Frau, hör doch auf zu jammern« lief simultan mit der Antwort: »Ist auch weitergeschickt worden.« Weg, arme Mutter.

---

24 Russ.: Macht nix.

Mein Mitleid funktioniert nicht mehr. *(Zu diesem Zeitpunkt fiel mir offensichtlich nicht ein, dass Dr. H. nicht ein x-beliebiger Mensch war, sondern mein erfolgreicher Rivale um Jennys Gunst.)*

Mams ist fast umgekippt, nachdem sie heute zweimal Appell stehen musste, insgesamt vier Stunden. Schwiegermutter L. scheint mir eine misstrauische Frau zu sein, hat aber kein Gespür für irgend eine Gefahr und wird es nie bekommen. Irgendetwas ist im Essen oder es fehlt.

23. JULI, SONNTAG. Morgen werde ich bei Alalouf über meinen Mangel an Libido klagen.

Man hat hier zwar Schwierigkeiten, aber wenn man ihnen passiv gegenübersteht, haben sie keinen formenden Einfluss, ich bin zum Beispiel wieder genauso unselbstständig wie damals in der Schule. Nur Koosje und Petra, verwöhnte reiche Mädchen, schlagen sich glänzend durch und schaffen es, sich in der Küche durchzusetzen. Petra ist auch im Krankenhaus. Dieses übrigens überhaupt nicht dumme Mädchen hegt eine an Vergötterung grenzende Bewunderung für ihren Vater (der für einen Hochstapler gehalten wird) und bedauert, dass sie ihn so wenig kennt, weil er sich früher die ganze Zeit um seine Geschäfte gekümmert hat. Aber sie ist davon überzeugt, dass er sich auch auf allen anderen Gebieten gut auskennt. Dem widersprach ich aber taktvoll. So ist zum Beispiel sein Plan zur Juden-Emigration ziemlich dilettantisch. Petra beharrt jedoch darauf, dass er beispielsweise über Zionismus sehr viel weiß. Nicht die Mutter, die manchmal ziemlich seltsam aus der Rolle fällt, übrigens eine im Grunde gute Frau, sondern »das Fräulein« zog die Kinder auf, das Resultat kann sich sehen lassen.

»Mein« Kommando arbeitete, ich sah es von meinem Sonnenbad aus, den freien Nachmittag und noch einen Teil des Abends durch und kassierte dabei ordentlich Flüche. Dies, nachdem sie gestern bis elf Uhr Betten geschleppt hatten. Ich nenne das keine KZ-Szene mehr, nun, da ich von Insidern Einzelheiten über die wirklichen KZs gehört habe. In einem davon, dem mit den berühmten »Moorsoldaten«, war, ein sadistisches Detail, die Behandlung im Krankenhaus ausgezeichnet. Ich soll mich also lieber nicht zu laut beklagen, dass ich bald hier raus muss; ich habe Glück. Endlich ein Päckchen. Haferflocken und Zuckerwürfel, in Bremer Tüten verpackt. Also ein Devisen-Paket. Vielleicht wird Henk, auf dieses neue Prozedere vertrauend, es jetzt öfter wagen.

Frostbeule, der hier jetzt Portier ist, nannte endlich meine Gedichte »unreif«. Er hätte dasselbe gesagt, hätte ich ihm unbekannte Gedichte, beispielsweise von Vestdijk, als meine eigenen präsentiert, und auch wenn er kein Recht zu dieser von mir provozierten Kritik hatte, die Gedichte sind unreif. Schlimmer, sie sind fast talentlos, und es wird mich viel Mühe kosten herauszufinden, wie ich diese Spur von Talent mit dem größten Nutzeffekt anwenden kann. Vollkommen talentlos bin ich nämlich nicht.

Eigentlich sollte ich, da ich fest entschlossen bin, zu versuchen, in die Küche zu kommen, meinen Aufenthalt hier abkürzen, statt weiter abzuschlaffen. Ich unterlasse es, weil man hier, ohne es zu forcieren, annehmen muss, was das Schicksal einem in den Schoß wirft (keine schlechte Bildsprache bei Orchitis!)... Trotzdem stört es mich, dass Frostbeule nicht gesagt hat: Du musst noch viel lernen, aber dein »Klaverblad«[25] fand ich authentisch. Das ist es nämlich.

Gides »Retouches à mon ›Retour de l' U.R.S.S.‹« festigt in mir die Überzeugung, dass Gide senil ist. Vor allem fehlt jeder Versuch, mit früher zu vergleichen. Was er bewundert, finde ich oft so schlimm wie das, was er missbilligt (seine Ansprachen sind unbedeutende Sentimentalitäten) und was er missbilligt, ist oft sehr gut, scheint mir. Was die Selbstverherrlichung der kommunistischen Jugend angeht, die jüdische Bourgeoisie kann zumindest dabei mithalten, und die Zeitung, erinnere ich mich, und das Geschichtsbuch stanken davon. »Retour...«, das ich in Amsterdam las, ist viel interessanter, obwohl ich die gleichen Einwände dagegen habe. Aber Senilität scheint doch Höhen und Tiefen zu haben.

Was nicht bis zu dem armen Gide durchgedrungen ist: Der Mensch stinkt. Man kann etwas für ihn tun, aber nicht aus Men-

---

25 Bei dem Klaverblad, zu deutsch dem Kleeblatt, handelt es sich um das auf S. 25 abgedruckte Gedicht.

schenliebe; eher aus ästhetischen Überlegungen (Kyos dignité humaine). Erwarte nie, wie Pygmalion, das Ergebnis (in seiner Allgemeinheit und in seinen durchschnittlichen Erscheinungsformen) lieben zu können. Der in Gides Buch im Hintergrund bleibende, in Wirklichkeit angegriffene Machthaber ist ein weiser Mann. Ich würde mich seinen Befehlen blind unterwerfen. *(Die Bedeutung dieser Passage ist: Wäre ich doch in der Roten Armee.)*

MITTWOCHMORGEN. Gestern wurde Mams beim so genannten Zähl-Appell zur Arbeit herangezogen. Eine langweilige und ermüdende Arbeit. Edgar hat jedoch versprochen, dass er sie nach ein paar Tagen heraus holen wird. Sie hält es übrigens nicht länger durch. Paps ist mit knapper Not davongekommen. Und ich wurde heute, entgegen meinen Erwartungen, noch nicht entlassen. Bei dem bewussten Zähl-Appell hat es hundert Opfer gegeben, unter anderen M. und E., die, beide am Ende ihrer Kräfte, natürlich eine leichte Arbeit erwartet hatten. Deshalb hatten sie nichts unternommen und fielen rein. Am besten sind immer diejenigen dran, die den Willen und den Mut haben, von Anfang an bevorzugte Positionen zu besetzen. Das Wetter ist schön; die Aussicht ist mir jedoch so unsympathisch, dass ich mich mitten hinein gelegt habe, um sie nicht zu sehen. Nun liege ich draußen und schreibe, mit dem Hinterteil zum Stacheldraht.

Erst fragte ich mich, warum im Spiegel nicht mehr zu sehen ist von dem, was ich alles an Assoziationen und Erinnerungen mitbringe, von Amsterdamer Grachten, von dem Haus in der Paulus Potter. (Ist es ein schlimmes Vorzeichen, dass die Erinnerungen, die mit Lustgefühlen verbunden sind, sich immer weiter entfernen, Richtung Kindheit? Obwohl ich manchmal, bei schönem Wetter, nostalgische Gefühle für Zandvoort oder Südfrankreich empfinde, wohin es mein Herz früher doch immer gezogen hat, sehe ich nun oft das Souterrain in der Paulus Potter vor mir, wo ich zwölf Jahre lang viel Zeit verbracht habe. Oder einen anderen Ort: den Bahnhof in Blaricum, von dem ich mir damals ebenso wenig bewusst war, dass er mir so gut gefiel. Aber per Saldo war das Souterrain mit Küche und »orangenem Zimmer« die Bühne aller häuslichen Beziehungen, und wir empfingen die informellen, aber sehr zahlreichen Besucher erst oben bei einem

Schnaps und gingen dann mit allen hinunter essen. Ich sehe mich in diesem Augenblick über das Geländer der kleinen Treppe steigen. Dass es dort im Winter warm und im Sommer kühl war, versteht sich von selbst, aber es war immer dunkel und wir aßen stets bei elektrischem Licht.)

Und so viele Dinge, die ich mit eigenen Augen gesehen habe: Kann ich mir nicht bei einem Buch über Algerien mit Hilfe südfranzösischer Assoziationen das ganze Schauspiel vor Augen holen? Stattdessen sehe ich im Spiegel ein ziemlich oberflächliches Judengesicht, das durch nichts verrät, dass es je Amsterdam-Süd, das Pomadenviertel, verließ. Und plötzlich ist mir klar, wie viel interessanter die Menschen werden, wenn sie ihre eigene oder wenigstens eine eigene Umgebung haben. Diese vermisst hier jeder. Dadurch und durch die geringe Anzahl möglicher Handlungen und Reaktionen werden Gesichtszüge zu Hautfalten, wird jede Individualität zu einer unbedeutenden Variation von etwas, das per Saldo in den wichtigsten Punkten gleich ist. Das gleiche Essen, die gleiche Schlafstatt, die gleiche Arbeit, die gleichen Ambitionen (drehen sich nicht auch meine Assoziationen um das Esszimmer), die gleiche Vorgeschichte, soweit eine Vorgeschichte hier von Bedeutung ist. Sehr stolz war ich, als Mechanicus mir erzählte, wie jemand nur uns beide »aus dem Rahmen fallend« fand. Ein größeres Kompliment gibt es hier nicht.

Ich habe ein herrliches Leben gehabt. Wenn ich nur nicht zusehen müßte, wie meine Eltern langsam untergehen, sie haben Besseres verdient. Um auf das Obenstehende zurückzukommen: Mams ist trotz Hunger, Erschöpfung usw. noch sie selbst und besitzt ihre eigene Atmosphäre, auch ohne »Salon«. Paps könnte, wäre er erst vor einer Viertelstunde hier angekommen, nicht weniger mit dem durchschnittlichen Lagerbewohner gemein haben als jetzt. Man sieht ihnen auch ohne scharfen Blick an, dass beide sehr »aus dem Rahmen fallen«. Verschenkte Paps nicht wiederholt Prontosil, das hier mit Brot bezahlt wird? Mit Brot bezahlt man hier alles. Ein Achtel eines großen Brotes ist die Tagesration. Dafür kann man bekommen: eine Wochenration Butter (!), vier Löffel Zucker, 8 Zigaretten (halt, da kommt plötzlich, völlig unerwartet, ein Transport herein, vierzig Frauen!), ... zwei Rationen gutes oder drei Rationen schlechtes

Essen. Schuhe reparieren kostet eine Ration, das Sohlen zwei. Manche schaffen es, fünf Rationen zu sparen. Anderen gelingt es, ebenso viel zu stehlen. Alle naselang werden von Leuten, die arbeiten, eine bis drei Rationen zurückgehalten. Mist! Anders als in Amsterdam sind Kaffee und Tee fast nichts wert, wegen des Mangels an heißem Wasser, Milch und Zucker.

27. JULI. Schwesterchen hat Geburtstag. Ist sie in Amsterdam? Oder in Westerbork? Oder in Polen? Lieber nicht daran denken. Wie im Fall Jennys wird die Zukunft unsere Fragen beantworten. Mams ging heute Nachmittag nicht zur Arbeit, sie musste eine Geburtstagstorte machen. Bekommt sie keine Schwierigkeiten, bleibt sie weg, und alles ist in Ordnung. Heute Abend kam sie stolz zum Zaun, mit einer Art Brotrinde.

Dies verführte mich dazu, »Brot für morgen« zu essen. Die Nachrichten sind aufregend, ich lasse sie nicht zu mir durchdringen. Noch immer bin ich nicht entlassen worden. Morgen? Langsam bekomme ich Angst. Schwesterchens Geburtstag haben wir meist im Freien gefeiert. Einen Tag nach einem dieser Geburtstage, im Jahr 1940, segelte Daan weg. Ein Jahr später war er tot. Schwesterchen beklagte sich an ihrem Geburtstag immer, dass dadurch, dass Henk nur einen Tag eher Geburtstag hatte, alle an ihrem so spät aufstanden. Sie ist jetzt zwanzig. Wie wird sie sich entwickelt haben? Die Trennung von Mams, so schmerzlich sie auch für beide ist, wird ihr, glaube ich, gut getan haben. Und Hein ist keine schlechte Gesellschaft, auch Kompaan nicht. Wie es wohl meinen Freunden geht?

28. JULI, MORGENS. Gerade meine Entlassung für Montag Abend erfahren, Dienstag an die Arbeit. Werde sehr anständig, sogar peinlich anständig, behandelt. Arons beharrte noch darauf, dass die rechte Hälfte des Gesichts noch ein bisschen geschwollen sei, aber Alalouf sah es nicht (ich ebenso wenig). Mein schlechtes Gewissen, entlarvt als Entdeckungsangst, ist nun verschwunden. Die Gespräche hier über die Politik nach dem Krieg besitzen einen sehr unwirklichen Charakter.

(Das ist auch kein Wunder, alle, die an diesen Gesprächen teilnahmen, alles schwere Fälle, sind nun tot.)

Ich bin, glaube ich, ein Anhänger von Marx[26] ohne dessen Optimismus: Wenn man nicht sehr wachsam ist, geht alles schief, trotz der besten Chancen. Beispiel: Mofrika[27]. Hinten in »Straight and crooked thinking« steht das Beispiel einer Konversation mit Anmerkungen zu den Fehlern gegen die Logik, die darin gemacht wurden. In Wirklichkeit ist es noch viel schlimmer: Die meisten Menschen hier bellen vor Dummheit.

Allgemeines Wahlrecht und Demokratie überhaupt ist Unsinn. Der erstbeste Oligophren hat ebenso viel zu sagen wie ich und ich ebenso viel wie ein Professor der Ökonomie.

(1964. Diese Selbstüberhebung und diese nachdrücklich geäußerten Überlegenheitsgefühle waren mir beim Abschreiben sehr peinlich, bis mir klar wurde, dass sie in diesem Maß weder in früheren noch in späteren Tagebüchern vorkamen. Dieses Tagebuch ist nicht nur für einen Leser bestimmt, es ist ein Gegenstand – eventuell ein Amulett. Sich über die Schicksalsgenossen zu erheben, hat etwas Beschwörendes. Abgesehen von der Tatsache, dass man selbst von innen schöner aussieht als ein anderer von außen.)

Vor vier Monaten war ich noch nicht so sicher, dass all mein Mut und mein »Über-der-Situation-Stehen« nicht die Folge von 100 mg Koffein am Tag waren. Eine Woche vor dem Ende der Quarantäne war es alle. Es machte nicht den kleinsten Unterschied.

Noch etwas vergaß ich: Vor einem Monat saß Hans Stein einen Tag im Bunker. Pick hatte jemanden beschimpft, der gerade aus dem Krankenhaus gekommen war (was Pick nicht wusste) und der daraufhin einen Heulanfall bekam. Hans mischte sich ein und zog Pick in lautem Ton zur Rechenschaft. Er sah nicht, dass der Rottenführer hinter ihm stand. Hans Stein mimt den »starken Mann«, ohne einer zu sein; aber er ist ein verdammt geschickter Teufelskerl. Doch dieses Ereignis gereicht ihm zur Ehre. Pick musste später erleben, zu einem gewöhnlichen Arbeiter degradiert zu werden. Später kam er zum Lebensmittelmagazin, wo er gestern erwischt worden ist. Wenn ich schon mal

---

26 Im Original mit griechischen Buchstaben geschrieben.
27 Im Original mit griechischen Buchstaben. Gemeint ist »Mofrika«, das Land der Moffen (Deutschen), verächtlich mit Afrika kombiniert.

Protektion habe, passieren solche Dinge mit meinen Beschützern. Gerade war ein Arbeitsappell für Männer; wie wird es Paps ergangen sein?

29. Juli. Es ist ihm gut ergangen, denn er machte zu diesem Zeitpunkt gerade eine Lumbalpunktion. Gegenüber der »Konkurrenz« hat er voraus, dass er auch Neurologe ist! Auch mir ist es gut ergangen. Der Sanitäter kam, um Leute zu entlassen. Einige aus der so genannten Invalidenbaracke wurden mit sofortiger Wirkung auf die Straße gesetzt. Ich hatte Glück: Wenn nichts dazwischen kommt: Montag. Petra nicht. Obwohl sie wirklich ziemlich krank ist, muss sie heute hinaus. Gestern Abend trank ich echten Kaffee und hatte eine herrlich schlaflose Nacht. Ich konnte endlich wieder am »Klaverblad« feilen; verrückterweise gleicht es nun wieder dem ursprünglichen Einfall. Langsam, spät in der Nacht, schlummerte ich ein und schlief bis in die Puppen, statt zu frühstücken. Doch Mams brachte wieder Brot, und ich, der Mörder, aß es. Der Mangel an Libido ist beunruhigend: Ich kann nicht mal mehr eine Erektion provozieren.

»Das ganze Lager soll wissen, was es heißt, Sabotage zu üben«, soll der Kommandant gesagt haben. Jedenfalls wurde das unrechtmäßige Verbrennen einer Matratze mit »Brotentzug« für das ganze Lager bestraft. Heute Abend hat niemand Brot bekommen (es wird erwartet, dass man Vorräte hat, was für uns zum Beispiel nicht stimmt), und morgen bekommt wieder niemand Brot, heißt es. Die Bitten, Kinder und Kranke davon auszunehmen, wurden mit dem oben zitierten Kommentar abgewiesen. Liegt ein Grund vielleicht im Gesuch der Ärzte an den Oberstabsarzt wegen der Unterernährung? Jedenfalls hat dieser Autoritätsträger gesagt, dass die Juden früher viel zu dick waren und ruhig abnehmen könnten. Müssen sie auch vor Hungerödemen anschwellen? Unter mir liegt jetzt ein Junge, der Daan ähnlich sieht und zugleich L. B.; er hat sich mit einem Beil in den Fuß gehackt. Gerade war ein befreundetes Ehepaar zu Besuch, und er weinte, weil seine Mutter in Polen ist. Ein Pedant hält eine Predigt über »Tischa be-Aw«[28]. Morgen ist ein Fasttag wegen der Zerstörung des Tempels. (!)

30. Juli, Ruhestunde. Vielerlei Ursachen können dasselbe Gefühl hervorrufen. Heute hatte ich einen »Spleen«, identisch mit dem früheren. *(Das folgende Stück ist ausgelassen, obwohl es schade ist um einen Versuch, in mein früheres Leben zurückzukriechen, u.a. dadurch, dass ich mir vorstellte, wohin Linie 2 fuhr: »Allein über die Rolle, die der erste kurze Abschnitt der Linie 2 in meinem Leben gespielt hat, wäre ein dickes, vielleicht sehr uninteressantes Buch zu schreiben.« Aber obwohl ich noch zwei andere Straßenbahnlinien hinzuziehe, gelingt es nicht richtig. Solche Leser, an deren Urteil mir sehr viel gelegen ist, würden darin stecken bleiben.)* Ein großes Problem: Wie konnte man unglücklich sein, wo doch so viele Auswege offen standen? Auch wenn ich oft das Fahrrad nahm und nach Zandvoort fuhr statt zur Schule, war ich doch eingesperrt in dem berühmten Zimmer mit lauter offenen Türen.

Abend. Ich habe mich bei verschiedenen Theresienstädtern informiert, niemand kannte Jennys Familie, die meisten waren nur kurz in Westerbork. Ich kann sie mir nicht vorstellen mit einer Schnur um den Hals, an der eine Nummer hängt. Dabei war der Viehwaggon Jennys spezielle »bête noire«. Die Entfernung Theresienstadt – Auschwitz ist aber nicht so groß. Heute bei Koosje gewesen; das mit der Libido ist nicht so schlimm. Ein Stein fiel mir vom Herzen. Heute Nacht hatte ich eine Pollution. Dabei ist mein Gesicht (auch) angeschwollen. Die Kombination Eiweißmangel/Pollution erfüllt mich mit Erstaunen. Koosje ist aus der Küche entlassen worden. Petra machte ein skeptisches Gesicht, als ich ihr voller Freude erzählte, wie Abel mich dem Chefkoch Friedmann vorgestellt und gefragt hatte: Können Sie so einen jungen Mann nicht in der Küche brauchen? Worauf Friedmann sagte: Sicher, sicher!, und mir empfahl, Rau zu fragen, ohne seinen, Friedmanns, Namen zu nennen – sonst würde Rau sicher sagen: Protektion. In diesem Fall würde die Protektion in der Küche erst richtig anfangen, wo jeder per Saldo immer nur »auf Probe« ist. Nicht nur Petra machte ein skeptisches

---

28 Tischa be-Aw (9. Aw): Trauertag wegen der Zerstörung Jerusalems (586 v. und 70 n.) mit Verlesung der Klagelieder; strenger Fastentag für die Juden.

Gesicht, ich selbst traue mich eigentlich nicht zu Rau. Außerdem möchte ich erst ein paar Tage leichte Arbeit machen. Ich muss und werde in die Küche kommen – bin ich dann nicht stark?

31. JULI, MORGENS. Es gibt hier keine Öffentlichkeit, wohl aber viele Menschen, und darunter nur einige, mit denen man in normalen Zeiten Kontakt haben würde. Die Beziehung zwischen den kleinen W.'s und ihrer Mama ist eine seltsame Familienneurose. Frau W. hasste ihre Mutter – die hier gestorben ist –, »klebte« aber ständig an ihr. Vielleicht ist dies der Grund dafür, dass sie, als eine gerechte Strafe des Himmels, von ihren Töchtern Hass erwartet. Selbstanklagen, heftige Reaktionen auf die kleinste Bemerkung hin und ohne auf Umstehende zu achten, die sofortige Unterstellung eines schlechten Motivs für eine Freundlichkeit (»Du willst sicher was von mir haben«) machen die ganze Familie unmöglich oder würden es tun, wenn es hier so etwas wie »Öffentlichkeit« gäbe. Mitten in dem Gedränge lebt man auf einer unbewohnten Insel.

Ich habe einen Schreibdrang, ohne etwas zu sagen zu haben. Fehlleistungen wie das Herausholen dieses Heftes, obwohl ich es gerade weggesteckt hatte und jetzt ein Buch nehmen wollte, deuten auf etwas, das sich gegen einen übermäßigen Widerstand Ausdruck verschaffen will. Hätte ich die Zeit, würde ich mich auf einfache Kinderreime verlegen, nur auf Klang und Rhythmus, ohne vorläufig auf Inhalt zu achten. Ich glaube, dass ich die Finger vom »Klavierblad« lassen sollte. Merkwürdig, wie die Verbesserungen mir als rein technische Dinge einfielen, ich aber kurz danach sehr lebendig die ganze Jenny-Jenny-Sache vor Augen hatte. Die Schlussfolgerung war: Lass mich eigentlich jetzt sterben. Daraufhin kamen natürlich Einwände aus anderen Sphären; aber wenn ich nur in der Erinnerung an die unglaublich traurige Geschichte lebte, würde ich Selbstmord begehen.

ABEND. Die Sonne geht wieder prachtvoll unter, die wie immer tief hängenden Wolken geben prächtige, purpurfarbene Effekte. Sehr stark ist wieder die Suggestion, dass das Meer gleich dahinter sei, durch einen schmalen Streifen Tannenwald von uns getrennt. In Wirklichkeit liegt Hannover nicht am Meer, aber auch nicht sehr weit von der Ost- oder Nordsee entfernt. Heute las ich eine umschlaglose Auswahl holländischer Dichter.

Sogar mit homines averses a musis wie Greshoff und du Perron habe ich nichts gemein. Obwohl ich begreife, dass andere diese Meinung nicht teilen, mag ich Henriette, die Dichterin, wie sie in Kreisen sozialistischer Schulmeister genannt wird, sehr gern. Sowohl die Dichterin als auch die bewussten Kreise haben viel Schätzenswertes.

(Ich meine, im Interesse der Ehrlichkeit die Passage, wegen der ich mich am meisten schäme, am wenigsten unterdrücken zu dürfen. Hier folgt sie.)

Wenn ich nicht, wie es sich geziemt, an dem musischen Wert meines eigenen Werkes (auch des zukünftigen) zweifeln würde, würde ich meinen, ein neues künstlerisches Genre auszuüben. Mir fehlt es an bildnerischem Reichtum, die Assoziationen kommen aus einer Sphäre, die Verse meiner »Kollegen« sagen mir nichts (A. Roland Holst), ärgern mich (Hoornik), erfüllen mich mit stummer Verwunderung, machen aber den Eindruck, Natur und keine Kunst zu sein, unpersönlich (Guido Gezelle, aber das kann daran liegen, dass ich im Flämischen keine Nuancen höre) – oder sie enthalten nur einen Satz, den ich verstehe und der mich anrührt: »Hier lagen immer meine Schätze, aber ich sah sie nicht« (Vic). Ich stehe also ganz und gar daneben, mache aber etwas, das a) präzise einen ziemlich komplizierten Haufen Stimmungsquellen wiedergibt und b) mich selbst anrührt, auch ästhetisch. Ist es vielleicht so, dass die Musik, auf die ich mir meine Verse gesungen vorstelle, nicht die so genannte Versmusik ist, sondern das Lied, das aus ihnen gemacht werden kann, so wie Schumann es mit den Versen von Heine tat und wie ich es bei meinen eigenen Versen höre – mich also in die Irre führt und um so reicher scheint, je ärmer der Vers ist? Dann würde ich mich selbst ganz schön hereinlegen! *(Das war auch der Fall. Damals jedoch verhalf mir das Hochgefühl, mit Kunst beschäftigt zu sein, während alle anderen an nichts als Essen dachten, zu einer Art Gleichgewicht im Chaos.)*

Vielleicht sind meine Verse auch typisch für die Bewusstseinsverengung und die Affektverdrängung hier, obwohl dagegen spricht, was ich seit der Deportation für die Verse anderer fühle.

Ich habe einen solchen Hunger nach Kunst, dass ich auch die Poesie genieße, die ich früher liegen gelassen hätte.

Heute Nacht schlafe ich noch im Krankenhaus, muss jedoch weg sein, bevor der Sanitäter morgen um zehn Uhr seine Inspektion vornimmt. Zehn Tage leichte Arbeit im Lager sind mir inoffiziell zugestanden worden. Findet in dieser Zeit eine Razzia statt, bin ich noch ziemlich sicher. Aber ich werde mich, bevor sie um sind, bei Rau melden.

2. AUGUST. Gestern Transport aus Westerbork. Viele Strafgefangene, die das »S« verloren haben, unter ihnen die Luzas. Von Schwesterchen das: Den ganzen Winter war sie in Amsterdam, im Frühjahr fing sie irgendwo an, als Pflegerin zu arbeiten. Ein freches Stück! Auch wenn es schief geht, kann sie also noch hierher kommen. Schlimmer ist, dass Henk denkt, wir wären vermutlich mit dem Austauschtransport weggefahren. Das denkt man auch von dem armen Abel. Dieser weigerte sich, als ihm gestern »im Büro« eine Extraportion von irgendetwas angeboten wurde, und sagte: »Ich fühle mich zufrieden mit der Portion, auf die ich ein Anrecht habe.« Was für ein Mut und was für eine Kraft für jemanden, der so viel Hunger hat.

Anders als einige Leute vom vorigen Transport waren die Luzas sehr großzügig und herzlich. Man hat ihnen einen Koffer voller Lebensmittel gestohlen, und trotzdem gaben sie uns Brote mit Wurst, Kunsthonig und Ei. Von Bob bekamen Paps und ich eine Zigarette.

In vielen Betten wurden Wanzen festgestellt; man kann nichts dagegen unternehmen.

Ich »drückte« mich gestern, arbeite heute in einem Kommando für jugendliche Rekonvaleszenten. Ich musste so etwas tun, weil ich beim so genannten Zählappell, zwei Stunden nach dem Arbeitsappell, zu dem jeder kommen und sich barackenweise aufstellen muss, versorgt sein wollte. In meiner Baracke liege ich jetzt im Bett des Sohnes vom Unterbarackenleiter. Als Zugeständnis darf ich, bis der Kronprinz aus dem Krankenhaus zurückkommt, hier schlafen. Es geht mir auf die Nerven, immer wieder zu hören, was für einen netten jungen Menschen ich hier ersetze, und außerdem ist das Licht hier schlecht. Die Barackenleitung hier ist Lumpenpack, sie geben das ehrlich zu und betrachten es als ihr Recht, zwei Portionen Essen zu nehmen. Im Gegensatz dazu steht ihre Empörung über Brotdiebstähle.

Heute Nachmittag wird eine öffentliche Gerichtssitzung abgehalten, bei der der Kommandant anwesend ist. Ab ist der Ankläger. Wenn ich mich traue, werde ich dabei sein, mit einem Besen in der Hand, um Arbeit vorzutäuschen.

3. AUGUST. Wenn die Gerüchte stimmen, ist der Krieg noch vor dem Herbst zu Ende. Für die Küche bin ich zu schwach, ich merkte das heute Morgen beim Kochkesseltragen. Petra brachte gestern Speckschwarten aus der Küche mit; ich aß davon, gierig, ohne an meine Eltern zu denken, und habe mir deshalb – was tut Gott? – den Magen verdorben.

Die Gerichtssitzung war heute Morgen. Statt des Kommandanten, der nicht da ist (?!), waren drei andere da, zwei von der Wehrmacht. Zufällig waren die Beweise gegen den ersten Brotdieb sehr überzeugend, sodass ich Paps' Meinung, es werde oft ohne ausreichende Beweise (ausreichende Beweise gibt es fast nicht, weil das Brot meist aufgegessen ist) verurteilt, nicht verifizieren konnte. Der betreffende Mann hatte an dem Tag, an dem wir nach zwei Tagen ohne Brot wieder welches bekamen, seinem Nachbarjungen geraten: »Schneide nicht zu viel ab, sondern hebe dir was für abends auf«, danach hatte er sich informiert, was der Junge nachmittags tun würde, und als er weggegangen war, hatte er, in der Sicherheit, nicht gestört zu werden, das Brot gestohlen. Sein eigenes Brot tauschte er gegen Zigaretten und brachte das gestohlene zu seiner Frau, wo es gefunden wurde, erkennbar, weil es zu dem Rest der anderen Hälfte passte. Er bekam drei Wochen Bunker, zweimal die Woche bei Wasser und Brot, und ein permanentes Rauchverbot. Wird er rauchend erwischt, wird ihm eine Ration Brot vorenthalten. Er muss das gestohlene Brot ersetzen, er muss umziehen, und das Urteil wird öffentlich gemacht. Abel war der Ankläger und machte klar, wie schlimm es ist, zwei Tage kein Brot zu haben. Es war eine würdige Veranstaltung, und die Deutschen, sehr korrekt, haben sich nicht eingemischt.

Dasberg, den ich heute Morgen im Waschraum gesprochen habe, hat, wie sich herausstellte, in seiner Jugend Naturlyrik geschrieben, damals war er wegen TBC in einem Sanatorium *(wo er nun wieder ist)*. Er hatte damit aufgehört, weil er einmal seine Arbeit einem Kritiker schickte und zur Antwort bekam: »Geehrtes Fräulein Dasberg...« Er teilt meine Meinung bezüglich Frostbeule, den »Patentdichter«, der mit aller Gewalt über jüdische Themen schreiben musste. *(1946: Heute erfuhr ich zufällig, dass Frostbeule in Tröbitz gestorben ist, auch seine Frau. Sein Werk ist verloren gegangen.)*

Auch das gefällt mir an Dasberg (der der Sohn eines Rabbiners ist). Er kommt dem Ideal einer Autorität sehr nahe. Er ist einer der wenigen, die Ambition mit Befähigung paaren. Wenn ihm sein schwacher Körper keinen Streich spielt, kann er viel Gutes tun, und ich bin stolz darauf, diesen Mann gekannt zu haben. Dies hört sich an wie eine Leichenrede, Gott gebe, dass es keine wird. Abel enttäuscht mich auch nicht und ich hatte bereits eine hohe Meinung von ihm.

L. will mir eine Stunde am Tag Unterricht geben; schade, dass es keine Analyse werden kann, weil das, was Paps von ihm gesagt hat, einmal – wie es sich gehört – weitergegeben, ihrem Verhältnis untereinander nicht gut tun würde. Heute war es sehr interessant, auch wenn er die lästige Angewohnheit hat, Stoff für eine Viertelstunde auf eine Stunde auszudehnen.

Die Frau meines Chefs, G. (ein Affe), ist literarisch interessiert. Nicht deshalb, sondern weil sie mit Vic verwandt ist, werde ich ihr vielleicht mal mein Werk zeigen, mit der Lüge, es sei nicht alles.

7. AUGUST, MORGENS. Gestern war ein schwarzer Sonntag für diejenigen, die bei den Schuhen arbeiteten. Fliegeralarm, sodass sie erst um drei Uhr nach Hause kamen, und ein Befehl, um halb vier wieder anzutreten; an ihrem einzigen freien Nachmittag arbeiteten sie und zwar bis neun Uhr abends.

Ich führe das Leben eines Faulpelzes, das ist – weil es Initiative, schnelles Reagieren und Handeln gegen starken Einspruch verlangt – viel aufregender und erzieherischer, als brav zu seiner Arbeit zu gehen. Die vierzehn Tage, die die Juden mir geben, sind ja nicht mehr als vierzehn Tage Mithilfe. Ich muss selbst sehen, dass ich nicht von den Deutschen geschnappt werde. Müssen »alle Männer direkt zum Appell«, dann nehme ich einen Besen und fege irgendwo. (Jetzt gibt es eine Verbesserung. Auf einem abgelegenen Platz kommen wir zu einer Art Spezialappell zusammen, der den Deutschen noch nicht aufgefallen ist.)

Das Gespräch mit dem Analytiker L. führte vorgestern zu Verwirrung. Die »Geist-von-Laplace«-Fiktion, die ich anführte, nannte er pathologisch. Gestern kamen wir uns etwas näher; es gibt noch Missverständnisse und Vorurteile. Jedenfalls sind, seiner Meinung nach, Heymans Ideen »Gedankeneisberge«, und es ist pathologisch, sie auch nur ernst zu nehmen. Die Sache ist, dass er nichts davon versteht und ich es schlecht erkläre. Eine Analyse kann es nicht werden, aber vielleicht ein »short cut« oder wenigstens ein Gespräch mit irgendeinem therapeutischen oder anderen Effekt. Ich ließ Frau G. meine Verse lesen, die sie, glaube ich, nicht schön fand, aber kein Urteil abzugeben wagt. Sie ist verrückt, aber nicht unnett, ist J. K., ihrer Nichte, sehr ähnlich, aber ihrem Neffen Vic überhaupt nicht.

Die Küchen-Frage ist nicht endgültig abgehakt. Friedmann sagte ungefragt, dass ich noch ein bisschen Geduld haben solle. Ich kenne jedoch den Fall eines anderen, viel Stärkeren als ich, der trotz einer hohen Empfehlung bei Friedmann von den anderen »fertig gemacht« wurde. Das kann in Küche 1 passieren. In Küche 2 ist ein unangenehmer Mof, aber es arbeiten dort viele Hachschara-Jungen wesentlich kameradschaftlicher. Es wird jedoch mehr gearbeitet und es scheint (denn kein Außenstehender kommt je dahinter) weniger abzufallen. L. erzählte auch von Analysanden, deren philosophische »Flucht aus der Wirklichkeit« nach der Analyse zu einer gut gelungenen Sublimierung wurde. Gerade die Neurose stand ihrer Entfaltung im Weg. Ich würde also ein berühmter Philosoph werden können, wenn ich nur auf die Illusion verzichten würde, ein berühmter Philosoph werden zu müssen.

ABENDS. Wieder arbeiten die Schuhe bis neun Uhr. Fast fange ich an, mich doch noch zu genieren. Gestern kam ein Transport Italiener an, fünfzig Mann stark. Es wurden auf dem Terrain, das sich noch innerhalb der Einzäunung des Lagers befindet, große

Zelte aufgebaut; die Küche wurde ein wenig vergrößert. Die IPA erzählt, dass Männer und Frauen getrennt werden und zur Arbeit bei der Ernte und in die Munitionsfabriken geschickt werden sollen.

Wieder mit L. gesprochen; ich sperre mich offenbar. Anscheinend will ich diese schiefe Situation nicht. Heftiger Streit mit dem stellvertretenden Barackenleiter; ich lasse mir viel zu viel sagen und sehe zu jung aus. Er soll mir morgen ja nicht noch einmal vorwerfen, dass ich nichts erledige, dieser vollgefressene Prolet! Zum Glück habe auch ich hier so genannte »Beziehungen«.

Freitag, 11. Heute drei »Gaffes«[29] gemacht: 1) war unerwartet Appell und ich drückte mich. Später stellte sich heraus, dass Leute für die Küche ausgesucht wurden... Ich wusste das im Voraus und hatte mich schnell rasiert, aber es kam dann doch unerwartet, direkt vor dem Essen, und sofort gingen wieder Gerüchte über einen Arbeitseinsatz in Hannover herum, und ich war so dumm, mich zu drücken. 2) Frau G. fragte mich heute Abend: Hast du keine Lust, zur Lagerwache zu kommen? Da es mit der Küche schief gegangen war, sagte ich ja. Hätte ich gewusst, dass sie Dasberg fragen würde, der natürlich antwortete, dass ich schon genug Glück gehabt hätte damit, dass beide Eltern im Lager seien, und sogar gerade vierzehn Tage lang »geschont« gewesen sei, hätte ich das also gewusst, hätte ich vornehm »nein« gesagt. 3) Heute Abend ging ich nicht zu L., um mit ihm zu sprechen, weil ich mich waschen wollte. Es wäre natürlich genug Zeit für beides gewesen.

In der Küche 2 wurde die Frau meines todkranken Ex-Feindes S. mit Essen erwischt, das sie für ihren kranken Mann bei sich hatte ... nebbich. Kants Vaterstadt ist evakuiert worden. Es wird noch eine schöne Keilerei geben. Während ich dies schreibe, werde ich von Flöhen und Wanzen aufgefressen.

Eines der wichtigsten Dinge, die in meinen drei Monaten Analyse zum Vorschein gekommen sind, vergaß ich zu erwähnen: Ich möchte erwachsen werden und auch wieder nicht.

---

29 Französ.: dumme Fehler.

L. fand einen Vers (die wenigen Früchte aus Leid und Verzückung fallen und verfaulen ungenützt) sehr hübsch; interessant fand er, wie das Neurotische in »Jenny, Jenny« in der »holprigen« Form zum Ausdruck kommt. Was er weiter Analytisches sagen wollte, wusste ich schon.

SAMSTAG, 12. Heute Nachmittag frei. Wieder entkam ich einem Appell von »allen« Männern. Obwohl uns befohlen war, hinzugehen, machten wir uns an die »Arbeit«. Unter mir wohnt nun ein witziger kleiner Kerl, der gerade aus Berlin gekommen ist. Er ist die jüdische Ausführung des netten Greve, der später NSBler wurde. Er spricht quasi energisch, überlegen und ironisch, wie nur ein deutscher Geschäftsmann spricht, der den Mangel an einer solchen »Mann-von-Welt«-Pose »provinziell« nennt. Es ist zum Beispiel unter seiner Würde, auf solche direkten Fragen wie: »Wie ist die Stimmung in Berlin?« zu antworten. Später kommt er jedoch ganz spontan mit sehr interessanten Mitteilungen an, die es aber nötig zu haben scheinen, in eine Art anzüglicher Zeitungsprosa verpackt zu werden. Diese »Urbanität«, die mich direkt an die Korruptheit und Gewissenlosigkeit sowohl von Westerbork als auch von dem Regime erinnert, wird am besten durch Hajo Hermanns Worte gekennzeichnet: »Wir sind mehr auf Raffinesse aus als auf Intelligenz.«[30] Was er erzählte, läuft darauf hinaus (seinen Stil zu imitieren, brauchte es das Talent eines Karl Kraus), dass wir es hier mit unserem Nahrungsmangel, aber mit genug Schlaf besser haben als die deutsche Zivilbevölkerung, die genug zu essen hat, aber nicht genug Schlaf. So sind zum Beispiel heute Nacht wieder Hunderte und Aberhunderte umgekommen, die gestern noch mit erhobenem Arm da standen, und der Rest tat natürlich kein Auge zu.

Was das Mit-erhobenem-Arm-Dastehen betrifft, ist dies noch immer ein allgemeines Phänomen, und zwar durch Angst. Die hervorragende Propaganda hatte insoweit Erfolg, dass der Deutsche nun sagt: Wir müssen unbedingt gewinnen, sonst bin ich und meine ganze Familie »erledigt«. Die Bolschewiken kommen

---

30 Hajo Hermann war ein deutscher Fliegerleutnant, den der Autor 1938 kennen gelernt hatte.

über uns, und die Juden werden schreckliche Rache nehmen. Das Mindeste, was passieren wird, ist ein Chaos, gegen das die Inflation ein Kinderspiel war. Dies ist eine Mentalität, auf die auch die schlechtesten Kriegsberichte keinen Einfluss haben, und wenn, dann nur einen umgekehrten. Es ist nicht mehr der dumme Siegeswahn von 1914–18, der zu einem so harten Fall geführt hat, sondern eine Einsicht, dass jeder, der davon betroffen ist, eine reelle, praktische (weil pessimistische) Sicht auf die Dinge zu haben scheint. Die Propaganda der Alliierten mutet dabei wie schöne Versprechungen und reine Lügen an. Bravo, Goebbels!

Gerade eine Neuigkeit: Es kommen fünfundsechzig Wehrmachtsangehörige, und fünfundfünfzig SS-Leute gehen weg. Nach Königsberg? Hier gibt es zur Zeit: Jugoslawen (Typ Flap, van Manen und Schwesterchen) und Juden aus Benghasi mit englischer Nationalität (diese wirken wie fremde Orientalen). Die Mädchen schneiden von gewöhnlichen amerikanischen »Pumps« die Fersen raus, so dass es Pantoffel werden, und sehen nicht ein, dass ihre eigene Volkskunst schöner war: Kennzeichen von Primitivität. Dennoch scheinen sich wertvolle Menschen unter ihnen zu verbergen. Gestern hörte ich ein schönes Mädchen mit einer rührenden Naturstimme Opernarien singen, mit Gitarrenbegleitung. Von stinkendem Jazz abgesehen, die erste von einem Instrument begleitete Musik, die ich hier hörte.

Es gibt französische Frauen von Kriegsgefangenen (zum Teil typische Polinnen, kurz und dick und mollig, als Französinnen verkleidet, zum Teil echte französische Typen, darunter eine, die schreitet wie eine Königin). Es gibt auch echte Italiener, gerade aus Mailand angekommen, anständige und ordentliche Menschen, von Amsterdamer Juden, die Mitglied bei der Alliance Française waren oder von Dante Alighieri nur durch ihre Sprache zu unterscheiden. Die Griechen, die beherrschende Clique, sind auch einer wie der andere anständige Leute, bis auf einige Ausnahmen, die jedoch viel zu sagen haben. Edgar Kunio ist eine Wucht von einem Banditen.[31] Er spielt den Banditen sogar

---

31 Es handelt sich um den Arbeitseinsatzleiter, einen griechischen Juden.

noch mehr, als er es in Wirklichkeit ist. Natürlich pickt er die Leute beim Appell heraus, aber ist es nicht ihre eigene Dummheit, dass sie dort erscheinen? Machte er Mams nicht neulich das Kompliment, dass sie nie um etwas bitte und sich so geschickt drücke? Es gibt keinen Grund, mit diesem Mann nicht nach dem Krieg einen Schluck zu trinken. Als Ganzes gesehen sind sie allerdings zu solidarisch, um die Lebensrechte anderer anzuerkennen. Ein einziger nimmt nie etwas extra an (Sealtiel), aber der Rest hat von allem, an dem hier Mangel herrscht, mehr als genug (Brot, Butter, Quark, Marmelade, Muscheln, Zigaretten). Wir würden genauso sein, Westerbork beweist es.

Es fehlt hier sowohl am normalen Geschlechtstrieb mit allen Verzweigungen (es gibt keine Scham, man erzählt keine Zoten, es wird nicht geflirtet, niemand ist hoffärtig, außer den Griechen und dem Küchenpersonal) als auch an der Homoerotik, die Kameradschaft heißt. Sehr selten interessiert sich hier wirklich jemand für einen anderen. Nur: Gute Ehen werden noch besser, und Mütter tun alles für ihre Kinder – auch erwachsene Kinder. Die Familienbande werden fester: Erwachsene Brüder und Schwestern helfen einander. Die Korruption ist deshalb nicht so unmoralisch, wie sie es sonst sein würde. Es ist eine Art statisches »sauve qui peut, crève qui ne peut«. Edgar hat ungefähr zehn nette Mädchen, denen er hilft; zu Unrecht redet man schlecht darüber: Die Mädchen sind das einzig Nette hier. Auch gegenüber Mams, die er nun etwas öfter sieht, ist er sehr freundlich und spricht nie von Gegenleistungen. Heute habe ich eine Dose Davitamon gefressen, wegen des süßen Geschmacks. Sollte ich verkalken, habe ich jetzt wenigstens allen Grund dazu!

14. August. Gestern Nachmittag sollte Frau G. einen Vortrag halten, und obwohl ich die unbewusste Geschicklichkeit besessen hatte, gemütlich in der Sonne zu schlafen, wurde ich dadurch geweckt, dass ausgerechnet der Platz meiner Siesta auch der Platz des Vortrags war. Sie rezitierte Rogier und noch ein paar dumme holländische Gedichte. Danach: »Kornelis hatte ein Fenster zerbrochen« und noch etwas anderes Komisches, was sie, wie sich zeigte, sehr gut konnte. Abends sprachen L. und ich

darüber, und ich bin ganz seiner Meinung, dass Poesie nicht unbedingt vornehm sein muss.

Da ich nun schon mal aufgewacht war, habe ich S. Cohen geholt. Das ist ein Junge von achtzehn Jahren *(ich selbst war dreiundzwanzig)*, dessen Verse ich in Westerbork nicht bewunderte, wohl aber sein feu sacré (nun lese ich Dinge von ihm und finde sie viel besser als meine). Er legitimierte sich als Dichter und definierte die augenblickliche Situation ausgezeichnet, indem er Kornelis folgendermaßen beschrieb: »So ein Junge, gemacht aus Hungerödemen; steckt man den Finger rein, bleibt er darin stecken.« Das Bild war prima und niemand fand es ungewöhnlich! In normalen Zeiten assoziiert man Hungerödeme viel eher mit Britisch-Indien nach einer Missernte. Jetzt mit »Kornelis hatte ein Fenster zerbrochen«. Ich finde die Griechen immer netter. Sicher ist, dass die Holländer das niedrigste Durchschnittsniveau besitzen.

Nach der Lektüre von Cohens Werk würde ich gerne auch selbst...

Ich leide wieder unter Impetigo, wegen Floh- oder Wanzenbissen.

Lokales Geräusch: »Die Suppe ist süß und angebrannt.«

Hans Stein, der nach dem Vorfall neulich einen Tag gesessen hatte und wieder freigelassen worden war, ja, nun gar eine Arbeit bei der so genannten Lagerwache hatte, wurde plötzlich abgeholt und ist nicht mehr im Lager. Mit ihm zwei andere, die Schuhe gestohlen hatten und dafür ihre Strafe schon abgesessen hatten. Ich glaube, dass die Obrigen Steins Auftreten als den Beginn eines Aufruhrs und das Schuhe-Stehlen als Beginn von Sabotage darstellen wollen, um ihre eigene Unabkömmlichkeit hier verteidigen zu können. Armer Stein!

15. AUGUST. Mams wurde heute Nachmittag beim Appell schlecht und auf dem Weg zur Baracke wurde sie ohnmächtig. Heute Abend ging es ihr besser, sie sang jiddische Lieder im Bett, mit geschlossenen Augen. Sie stellte ein Programm zusammen und prüfte ihr Repertoire.

Viertausend Menschen sind angekommen und leben in den großen Zelten, auf Stroh. Frauen und Kinder aus Warschau. Pro-

Deutsche? Wir bekamen ein Paket von Henk, diese Woche ist es das dritte!

Nun, da endlich die Pakete kommen, werden die Deutschen es wohl bald verbieten. Auf meinem vorgestrigen Paket stand eine Barackennummer! Half dieses Paket, das Zucker, Gerstenflocken, zwei Stück Seife (!) und 40 Zigaretten (!) enthielt, Mams so schnell über ihre Depression hinweg?

Mit Dr. L. abgesprochen, dass ich versuchen werde, die bewusste Ballade zu schreiben, die Schwierigkeiten können nicht anders als lehrreich sein. Das Essen war gestern ein Liter, aber viel dicker; heute wird es ebenso wenig wie gestern sein, aber wieder so dünn wie früher. Vielleicht gibt es dann abends dünnen Gerstenbrei. (Milch gibt es in diesem Brei nie; Wasser, ein bisschen Mehl, Salz oder Zucker und ein bisschen Thymian sind die Ingredienzien.) Der enorme Hunger kommt auch davon, dass wichtige Komponenten im Essen fehlen. Man will so viel von dem eiweißarmen Essen essen, bis man genug Eiweiß hat. Das Paket war vor einer Woche abgeschickt worden; vermutlich wurde aus Konstantinopel geschrieben, dass wir Hunger leiden. Ich hörte, als Kinder mit Puppen spielten, ein Mädchen sagen: »Hier hast du tausend Liter.«

Heute kamen noch immer Frauen und Kinder aus Warschau an. Von den Ungarn gehen dreihundertfünfzig, also ein kleiner Teil, als Austausch in die Schweiz. Heute kein L. Paps ist auch krank, Durchfall. Mit wenig Erfolg an der Sodom-Ballade gearbeitet. Es kommen wieder Autos mit Frauen und Kindern vorbei. Es sind die Frauen und Kinder von Aufständischen. Vom Essen sind sie entzückt. Genau wie wir am Anfang schicken sie Kessel zurück, die heute nicht unter uns verteilt werden, weil gestern Radau bei der Verteilung war und irgendjemand das den Moffen erzählt hat.

Ist es morgen mit meinem faulen Leben vorbei? Es sind Soldatenmützen angekommen und dafür werden einhundertfünfzig Arbeitskräfte benötigt. Nun laufen viele im Lager herum, aus den letzten Transporten, die noch *nie* gearbeitet haben, aber trotzdem.

Dasberg, als ich seinen Nachbarn Cohen, den Dichter, aufsuchte, ließ gerade Kleider, Decken, Matratzen usw. mit Lysol absprühen. Er erklärte, vor nichts einen solchen Abscheu zu empfinden wie vor Ungeziefer, und nachdem er gemerkt hatte, dass ihn etwas gebissen hatte, hatte er sich aus bis dahin unangerührtem Gepäck neu eingekleidet, bis zu neuen Schuhen. Ob das helfen wird? Mir fiel bei all dem die ordentliche Sauberkeit auf, auch von Dingen, die ich ganz unmöglich in ein sauberes Ganzes einfügen könnte, ein Perserteppich zum Beispiel, so wie sie einige ordentliche Bürger auf dem Tisch liegen haben, und womit er sein Bettlaken verstärkt. Er sagt – ein allerliebstes gojisches Witzchen –, dass er hoffe, auf diesem »Teppich von Bagdad« eines Nachts wegzufliegen. Der Mann ist, bei aller Juden-Führerschaft, einer der holländischsten Holländer, die je die HBS[32] verließen. Wirklich ein Prachtkerl. C. hofft, heute Abend ins Krankenhaus aufgenommen zu werden (er hat ein nässendes Ekzem in der Leiste, das heute auch Penis und Scrotum ergriff). Dann kann er schreiben. Heute auf Besuch bei Mams, da sah ich eines der schönen Mädchen V. nackt; sie wähnte sich ungesehen, aber das erhöhte den natürlichen, gesunden Reiz. Es ist das erste Mal hier, dass ich mich über so etwas gefreut habe. Wären die Objekte begehrenswerter, wäre ich vielleicht nicht mehr so asexuell. (Die Mädchen V. sind hier wegen einer Abstammungsuntersuchung!) Heute Nacht hatte ich eine Pollution.

17. AUGUST, MORGENS HALB SECHS. Gestern kam ich zu der Schälküche der Küche 1. Jetzt bin ich Teil der niederen Eiweiß-Aristokratie des Lagers. Ein zweiter Wunsch ging in Erfüllung: Jemand verkaufte mir etwas und will nach dem Krieg 1 Pfund dafür haben! Es ist Ru C. Ich habe einen verdorbenen Magen von der weißen Bohnensuppe mit Speck, die ich nicht einmal ganz aufessen konnte, es war nach dem Mittagessen (wir bekommen unser eigenes Essen in der Baracke). Zwei Kollegen fingen sofort an zu streiten, als ich den Rest weggab.

ABENDS. Heute Morgen hatte ich mir ein Herz gefasst und Edgar gefragt: Wie muss ich es anstellen, um in die Küche zu kommen? Er sagte, dass dies durch Rau geschehen müsse, was ich schon wusste. Er konnte mir nicht mal einen Tipp geben; er

---

32 Hogere burgerschool; ähnlich der deutschen Realschule.

wusste nicht im Voraus, wann Rau Leute suchte. Aber als ich ein paar Stunden später untätig durch das Lager lief, suchte er gerade Leute für die Schälküche 1, fragte mich, ob ich dorthin wolle, und nach einigem Zögern tat ich es. Der Rest der Neulinge ist Gesindel. Der Schlimmste wurde heute Abend bei dem Versuch erwischt, Brei in das Lager zu schmuggeln. Theo *(der deutsche Scharführer)* war über diese Entdeckung so erfreut, dass er den Mann, ohne ihn zu schlagen, entließ. Küche 1 kocht für den Rest des Lagers: politische Gefangene, Internierungslager, Ungarn und Neuangekommene. Das Essen ist besser, und es gibt oft Brei und Tee mit viel Zucker. Auch kann Theo, höher im Rang und großzügig von Natur, sich größere Freigebigkeit als sein Stellvertreter in Küche 2 erlauben.

Gestern ärgerte ich mich über zwei Ungarn, die, in Biarritz-Kleidung, mit Jacken ohne Revers, goldener Armbanduhr, Peau-de-Suède-Schuhen, und mit altmodisch dicken Bäuchen Stekkrüben holen kamen, um sie unter ihren Leuten zu verteilen, und die sich, nachdem sie sich ihre Trage von uns hatten füllen lassen, dreimal die Taschen mit Steckrüben voll stopften. Abgesehen davon, dass jemand von uns, der das aus Hunger täte, dafür in den Bunker müsste, fand ich, dass es diesen Herren nicht wohl anstand; schließlich hatten sie mittags die berühmten weißen Bohnen gegessen, an denen ich mir den Magen verdorben hatte. Man würde ihnen einen Steckrübenwinter wünschen!

Als heute zweihundertfünfzig Ungarn weggingen in die Schweiz, sangen die anderen die Hatikwa[33]. Statt beeindruckt zu sein, dachte ich: eine Frage von Eiweiß. Ich kann bei diesem Job nicht mit nacktem Oberkörper arbeiten, was mir sehr Leid tut.

Heute Abend noch kurz mit L. gesprochen.

Gestern sagte Petra: Wenn du diesen Job behalten willst, musst du schneller reagieren und darfst dich nicht so verrückt anziehen. Das hatte sie meinem Vorarbeiter, dem Gibber Jacob Soep *(nomen est omen!)*, entlockt. *(Gibber[34] bedeutet Kraftprotz. 1964: Ich lege nun Wert darauf, aus der Perspektive einer zwanzig Jahre län-*

---

33 Lied der zionistischen Bewegung, heute die Nationalhymne des Staates Israel.
34 Von Hebräisch: Gibor – Held.

geren Lebenserfahrung, meine feste Überzeugung zu äußern, nämlich dass Jacob Soep geradezu wahre Wunder von Geduld für mich aufgebracht haben muss.)

Heute schuftete ich mich also ab und bin nun müde. Von den dreihundert Paketen ist die Hälfte bereits verteilt; ich bin schon zufrieden, wenn von den restlichen hundertfünfzig fünfundsiebzig für uns sind.

Renate G. ist Kolonnenführerin von unseren Frauen. Da sie selbst Tagebuch führt, halte ich mich von der Pflicht enthoben, über sie zu schreiben. Im Laufe des Vormittags erkundigte sich Edgar an Mams' Krankenbett (es geht ihr besser, es wird eine Herzgeschichte sein), wie ihr mein Arbeitsplatz gefalle. »Das kostet Sie nun keinen Rucksack«, sagte er selbst, »das ist, was wir in Bergen-Belsen eine Beziehung nennen.« Zufällig hatte ich ihm, von der Arbeit kommend, ohne etwas davon zu wissen, gedankt und einen freundschaftlichen Klaps auf die Schulter geerntet. Es ist unerträglich warm.

16. (?) August. Sonntagnachmittag. Gestern Morgen wurden alle Südamerikaner vom Appell weggerufen. Beim Appell rief man auch Paps auf, der nicht schnell genug reagierte. Er wurde zurückgeschickt und musste noch einmal kommen, diesmal schneller. *(War es damals, dass Weiss mit einem schalkhaften »Er ist ein Nervenarzt« die Situation rettete?)*

Es stellte sich heraus, dass wir drei Nationalitäten besitzen, nämlich die von Paraguay, von San Salvador und den Niederlanden, und ein Palästina-Zertifikat. Hoffentlich müssen wir das nicht ausbaden. Ominös ist, dass später alle, die auch Palästina-Papiere hatten, sich getrennt aufstellen mussten und gezählt wurden. Ist die Kalle zu schön?[35] Heute liege ich mit vollem Bauch in der Sonne (heute Morgen schlug und trat mich Theo, weil ich einen Kohl fallen ließ), und da die Tinte auf meiner Feder schon trocknet, muss ich (vorläufig?) aufhören.

---

35 Kalle (Jidd.: Braut). Die Bedeutung: Es kann für den Bräutigam nur schlecht ausgehen, wenn die Braut zu schön ist (»Zu schön, um wahr zu sein«).

ABEND. Gespräch mit L.: Das Unangenehme an dieser halbanalytischen Situation ist, dass die Objektivität dieses Mannes nicht mehr außer Zweifel steht. Wir sprachen über Sinclair Lewis, der seiner Meinung nach später als einer der wichtigsten Autoren dieser Zeit gelten wird. Ich hingegen stellte ihn auf eine Ebene mit Feuchtwanger und nannte es »Kitsch« ... *(blödes Gequatsche)* ... ich werde vielleicht wertloses, unvollkommenes, unreifes und flaches, weitschweifiges Zeug hervorbringen, aber niemals Kitsch. Ich kann es nicht, ich brauche mir keine Mühe zu geben, um ihn zu vermeiden.

Vielleicht, wenn ich Komponist wäre, auf musikalischem Gebiet schon.

25. AUGUST. Gestern wurde ich entlassen. Ich hatte ja schon gesehen, dass einer zuviel war, und Ab hatte Fühler ausgestreckt bei Fr. Dieser sagte, dass ich mir große Mühe gebe und dass nicht die Rede davon sei, dass ich entlassen würde.

Nun ist Friedmann Chef-Koch; Boss in der Schälküche ist Jacob Soep, ein Doppelstaatler, der sehr gut mit Theo auskommt. Dieser sah mich schon mit scheelen Blicken an. Edgar hatte mich ihm mehr oder weniger aufgeschwatzt. Ich bin zu sehr ein junger Herr.

Doppelstaatler sind zum Teil Abkömmlinge von Juden, die Ende des letzten Jahrhunderts weggezogen waren, weil sie den Tipp bekommen hatten, es wäre besser für sie, zu fliehen. War das Delikt vergessen, kamen sie zurück, mit den von ihnen gezeugten Kindern, die nun zwei Nationalitäten besaßen: die holländische vom Pa, die englische, weil sie in England geboren worden waren.

(1964: Ein Doppelstaatler, der inzwischen verstorbene Herr Bierman, den ich einige Jahre nach dem Krieg beim Frisör traf und der dieses Tagebuch in der gedruckten Version gelesen hatte, sagte: »Aber du gehörtest doch auch zu einer Gruppe.« Und dann zählte er eine ganze Reihe von Leuten auf, die in meinen Augen nichts Besonderes an sich hatten und normal sprachen. Plötzlich verstand ich, dass ich tatsächlich zu einer Gruppe gehört hatte, ohne es zu realisieren.)

Gestern Morgen wurden von den zehn Neuen fünf entlassen. Friedmann legitimierte sich als viel versprechender Mann, indem er sagte, dass die Sache schon wieder in Ordnung sei, was nichts daran änderte, dass heute Morgen einer der Entlassenen wieder genommen worden ist, ich aber nicht: ein Doppelstaatler. Bald werde ich das doch noch Friedmann unter die Nase reiben, aber nicht so, dass er eine Entschuldigung dafür hat, Streit mit mir anzufangen. Frau S., deren Mann im selben Boot sitzt wie ich, hat Frau Friedmann schon derartig aufgehetzt, dass sie sich als besser informiert erwies als ihr Mann. Alles in allem war gestern ein Misttag. Heute fand ich es so schön, dass ich sofort wieder einen (vorläufigen) Job im Lager hatte, dass ich – noch – nicht unter Hunger leide. Das Gefühl hatte ich in einer Woche vollkommen vergessen! Ich fühle mich schlecht von dem Prontosil, das ich mit wenig Erfolg gegen Impetigo einnehme. Eine gute politische Nachricht aus den letzten Tagen wird nirgends bestätigt. Aber man spricht von ... Paketsperre über ganz Deutschland. »Der Teufel scheißt auf die größten Haufen« gilt auch im negativen Sinn! Und nicht nur für den Teufel, wie ich bei meiner neuen Arbeit schon gemerkt habe: Toiletten sauber machen und den Waschraum von der 12 bewachen.

Besser als »Der triebhafte Charakter« von Reich gibt die folgende Anekdote den Charakter der Doppelstaatler wieder. Ich fragte Frau X., warum ihr Mann im Bunker saß. »Mein Mann hat einen Ring gefunden, und dann hat ein Italiener einen falschen Eid geschworen, dass er ihm den angeboten hat.« Alle an ihrem Tisch glaubten das offensichtlich. Abel, der öffentlicher Ankläger ist, erklärte mir jedoch, dass 1) der Ring ein Goldring gewesen war, und nicht nur das, sondern 2) auch ein Taschenmesser, in dem 3) der Name des Eigentümers stand, dass 4) der Italiener, der einen falschen Eid geschworen hatte, vier Italiener gewesen waren, dass 5) die genannten Gegenstände im Waschraum geklaut worden waren, gerade an dem Tag, an dem X. sie zum Kauf angeboten hatte; X., der noch behaupten wollte, dass er damit auf dem Weg zum Fundbüro gewesen sei. Trotzdem ist es nützlich, dass X.'s Version der Angelegenheit allgemein akzeptiert wird.

SONNTAG, 3. SEPTEMBER. Bin längst wieder zurück bei dem Job in der Schälküche, aber immer noch labil. Mehrarbeit ist die Regel, meist bis nach acht Uhr. Um 9.45 Uhr oder früher geht das Licht aus; oft kann ich mich, über und über schmutzig, nicht waschen. Das ist auch der Grund, dass ich so wenig schreiben kann. Ich selbst esse nun genug und würde, wenn es so weitergehen könnte, in besserer Kondition zurückkommen, als ich beim Abholen war. Meine Eltern profitieren kaum etwas davon, ich esse zu viel Brot und kann es nicht lassen. Die IPA sagt, dass in Holland gekämpft wird; wenn Amsterdam nur heil bleibt.

Ich kann den Namen »Ada« nicht hören, ohne mich enttäuscht zu fühlen, dass es nicht die bestimmte junge Dame dieses Namens ist. Bei meinen Gesprächen mit L. stellt es sich als Trost heraus, dass meine Beziehungen eigentlich alle schon seit Jahren bestehen. Nun, da ich mehr esse, fühle ich mich wieder als Mann. Koosje arbeitet im Lebensmittelmagazin. Noch zwei Wochen Status quo, dann ist wieder Erotik an der Reihe? Die W.'s arbeiten auch im Magazin. Ihnen kommt das sehr zustatten, es rettet ihr Leben.

11. SEPTEMBER. Wieder Entlassungsdrohungen, wieder kam Soep mit aus der Luft gegriffenen Klagen zu Friedmann. Voriges Mal schickte ich Paps los, der mit einer der drei letzten guten Zigarren zu Soep ging und ihn, meinen Instruktionen entsprechend, ein bisschen zum Lehrer stempelte: »Wenn mein Sohn nicht arbeitet, geben Sie ihm ruhig eins auf den Deckel. Das kann ihm für sein ganzes Leben nur nützen.« Nun will ich mich behaupten, so lange es geht, und ansonsten geduldig sein. Einen Monat lang habe ich schon keinen Hunger mehr. Der Faden, der mein Leben zusammenhält, das Gedächtnis, ist von schlechter Qualität. Dadurch bekommt alles Frühere etwas Unwirkliches. Gab es zu wenig Objektbesetzungen?

Ob Aachen wahr ist oder nicht, lässt mich kalt. Holland war auch nicht wahr! Es ist zehn vor sechs; ich bin schon zu spät mit dem Aufstehen. Beim Morgenappell ist es oft noch dunkel. Häufig brennt kein Licht beim Anziehen.

16. SEPTEMBER. Flap ist am 24. Mai nach Dachau gebracht worden. Aus dem Revier in Vught war er entlassen worden, weil er Leute zu lange da gelassen hatte. In Dachau – und auch in Vught – war es viel besser als hier. Ich weiß das alles von hierher gekommenen »Mischlingen«. Vught ist liquidiert worden; die unglaublichsten Sachen kommen hierher, auch Proviant. Gestern lud ich bis zwölf Uhr Lastwagen aus, nachdem ich vorher bis acht gearbeitet hatte. Es ist jetzt 7.30 Uhr und ich möchte mich noch waschen. Maastricht ist gefallen und, wie man sagt, auch den Bosch und Eindhoven. Der SD[36] hat Holland verlassen. Alles ist in Bewegung. Man baut hier viele neue Baracken. Auch Paps muss mehr arbeiten; zufällig hat er auch medizinische Arbeit (Kinderlähmung). Es ist zu dunkel hier.

AM 28. (?) SEPTEMBER (gestern Versöhnungstag[37]) habe ich von zehn vor sechs bis zehn nach sechs Zeit. In den vergangenen Wochen wurde Paps offiziell zum Mitarbeiter des Krankenhauses: vor allem als Neurologe. Einmal wurden beim Appell erst wir und danach die so genannten Doppelstaatler aufgerufen; seltsamerweise wurden die verhört und wir nicht. Man hatte uns wohl aus Versehen aufgerufen.

Neulich wurde ich in die Küche gerufen, um in einem Kessel zu rühren – und unter den fröhlichsten und triumphierendsten Gedanken (so müssten mich meine Bekannten sehen, die sich vielleicht Sorgen machen; gleich nimmt er mich in die Küche auf) ließ ich 600 l Suppe anbrennen. Friedmann schwenkte dann um. Ich kann ihm nichts mehr recht machen, und als neulich Theo, der Oberscharführer, mich annehmen wollte, riet er ihm ab... Trotzdem komme ich auf die Dauer doch hinein, obwohl es die Möglichkeit gibt, dass ich vorher aus der Schälküche rausfliege (Soep hat vier Freunden einen Platz versprochen), und obwohl ich jetzt schon nicht mit meinem Schlaf auskomme.

Psychologisch interessant ist die Beziehung zwischen Theo und Soep. Wie gut sie zueinander passen, der eine ein echter

---

36 Sicherheitsdienst der SS.
37 Versöhnungstag, Jom Kippur: Ein hoher jüdischer Feiertag, der mit Beten und absolutem Fasten begangen wird.

Deutscher, der andere ein Kraftprotz aus dem Ghetto, ein früherer Ringkampfchampion. Theo ist von seiner Kraft beeindruckt; den Akzent hört er nicht; eine gewisse gutartige Rechtschaffenheit scheint Soep ja zu besitzen. Theo ist ein schrecklicher Hitzkopf mit guten Seiten. Er ist religiös interessiert, weil seine Eltern fromme Katholiken waren. Denjenigen, die gestern fasteten, legte er nichts in den Weg und ließ sie eher nach Hause gehen; sein Kollege von Küche 2 hat sie arbeiten lassen, während die anderen aßen! Ich liege nun unter den Alt-Vughtern, sehr nette Kerle, die kameradschaftlich miteinander und mit mir umgehen. Jean Mesritz erinnert mich an Kompaan, und ein Junge Z. hatte in Vught viel mit Flap zu tun.

(Jean M., geschnappt als Englandfahrer, hatte Irrfahrten durch fast alle deutschen Konzentrationslager hinter sich. Als ich ihn einmal fragte, was seine unangenehmste Erfahrung gewesen sei, sagte er: »Das Schlimmste ist, wenn man, nachdem man einen ganzen Tag im Regen gearbeitet hat, ein paar Stunden länger, als man angenommen hatte, plötzlich auf dem Rückweg entdeckt, dass man sich einen großartigen Witz ausgedacht hat, den begeistert erzählt und dann feststellt, dass niemand ihn begreift.«)

Es ist auch ein nettes Mädchen dabei, das schön singt. Früh zu Bett gehend und lange mit den Nachbarn und ihren Gästen redend, habe ich weder Zeit für Tagebuch, Waschen noch Koosje. Letztere langweilt nicht, hört aber auf zu interessieren. Der Krieg scheint gut zu laufen, aber niemand weiß etwas Genaues, auch nicht, ob die Niederlande nun schon befreit sind oder nicht. Mir scheint es aber sicher, dass einige Orte von Belgien aus eingenommen worden sind.

8. OKTOBER. Heute ist eine Liste vorgelesen worden, beim Morgenappell. Schon bald stellte sich heraus, dass es Leute mit einem Abstammungsverfahren und Doppelstaatler waren. Später hörten wir, dass die Aufgerufenen in ein anderes Lager kommen. Die bessere Ernährung macht mich sensibel und ich bin sehr deprimiert. Mechanicus geht, Presburg und seine Frau, Frau Pick, Ernst Menco und die Hedemans – Pick ist offenbar nicht viel schlechter dran, als wenn er nichts angestellt hätte. Der Rest lässt mich gleichgültig.

(1964: Genau genommen war mir dieser Transport ganz und gar nicht gleichgültig. Wir wären fast selbst dabei gewesen, wenn uns nicht jemand von der Administration gewarnt hätte, nicht zu reagieren, als offiziell gefragt wurde, ob noch andere ihre jüdische Abstammung anfechten wollten. Wir hatten eine Anzahl eigens zu diesem Zweck gefälschter Dokumente, aber die erwiesen sich jetzt nur dafür gut, um wegen »Behördenbelästigung« in einem anderen Lager zu landen, aus dem niemand herauskam. Wir hatten natürlich Angst, dass die Anfrage von damals noch ans Licht kommen würde. Nachdem der Versuch missglückt war, schien er plötzlich außerdem noch unehrenhaft.)

Der Abschied von Mechanicus: Er hielt eine verwirrte, senile Rede über die Pastoren, die der »Kern unseres Volkes« seien. Ein abbröckelndes, baufälliges Haus aus edlem Marmor; sogar heruntergekommen ist er mir weit lieber als viele andere.

Gestern Abend küsste ich eine Frauensperson in der Meinung, dass sie heute ins Schneebaum-Lager umziehen würde.[38] Daraus wurde nichts. Jetzt sitzt sie an meinem Fußende und fragt, was ich da schreibe. Gott wird mich auch aus dieser Situation retten...

Das ganze Lager ist verändert, überall gibt es neue Baracken, wo vor kurzem noch offenes, mit Gras bewachsenes Gelände gewesen war. Käme die Sommersonne zurück, wüsste man nicht, wo man sich hinsetzen könnte. Eine Zeit lang schien es sicher, dass Holland frei wäre; jetzt scheint es gar nicht mehr so sicher. Wir fangen wieder den Winter an. Leben tue ich eigentlich nicht. Ich fresse, schlafe und grüble in meinem nicht ganz wachen Zustand. Langsam kehrt die Libido zurück, die – und das machte das Band mit meinem früheren Leben so schwach – ziemlich weg war seit dem Testikel-Ödem. Langsam kann ich mir frühere Stimmungen und Reaktionen wieder vorstellen und mich daran erinnern. Für die Küche, das weiß ich jetzt, bin ich nicht stark genug.

---

38 Gemeint ist das »Neutralenlager« von Bergen-Belsen, das nach dem Lagerältesten Joseph Schneebaum auch Schneebaum-Lager genannt wurde: Kolb, S. 32f. (vgl. S. 18, Anm. 8).

13. OKTOBER. Black friday. Festliche Schlittschuhbahnstimmung. Beim Scheinwerferlicht von den Wachttürmen wird Brot ausgeladen. Ich lief auf meinen Holzschuhen über die Bahn. Mams deprimiert wegen Transportgerüchten. Drei aus der Küche zu uns gekommen. Die Situation gefährlich; obwohl meine Arbeit gut ist, ist die Position von drei anderen, die ihre Kameraden bestehlen und geschickt am gleichen Strang ziehen, wegen guter Beziehung zu Soep viel besser. Es wird Paps wieder eine Zigarre kosten, und wird selbst das helfen? Schade.

Das heutige Gespräch am Männertisch *(in der Schälküche)* ging – ich lachte mir heimlich ins Fäustchen – um Leute, die wegen einer Wette oder zum Bluff fünfzehn Rahmhörnchen aßen oder zwanzig Gläser Bier tranken. Danach kam das Gespräch auf die geheimnisvolle Lagerkrankheit, an der so viele junge Leute sterben. Man ist noch nicht in Amsterdam! Jean M. arbeitet im Pferdestall und darf nicht klagen. Ich hoffe nicht, dass es stimmt, dass die Mischlinge weggehen. Ich denke oft vollständige Sätze für das Tagebuch. Aber meistens ist das Licht aus, wenn ich schlafen gehe.

16. OKTOBER, MONTAG. Eine der blonden Mischlingsfrauen, die öfters auf der anderen Seite zu Besuch kam, stellte sich als die mannstolle P. heraus. Nun hat sie Syphilis und ihr Verlobter auch, eine merkwürdige Koinzidenz. Koosje, mit der ich die Beziehung vertiefe – ich fand es schade, meiner Faulheit nachgebend das Feld für Martin L. zu räumen –, hatte heute Abend 39,5. Edgar ist vom Kommandanten persönlich abgesetzt worden. Ich hatte schon vorgehabt, aus Abscheu vor Eselstritten nichts an meiner Haltung diesem Mann gegenüber zu verändern, und jetzt zeigte sich, dass jeder, sei es aus Snobismus, sei es aus Feigheit, genau dasselbe tut. Er arbeitet neben der Küche und profitiert, wie üblich, von allen Seiten: Küche, Magazin, Keller. Auch ich esse manchmal woanders; ich bekomme nur Widerstand von Soep, der ein lautes Geschrei macht, wenn ich mal kurz weg bin. Drei, aus der Küche zu uns gekommen, sind wieder weg. Die letzte Zigarre meines Vaters war gut angelegt: Ich habe den Job noch. Ich bin nicht mehr der schlechteste Ar-

beiter und meine Position ist etwas besser. Das liegt daran, dass Jackie F., ein edler Junge, Jaap G., ein braver Alt-Gymnasiast, und ich eine Art Bund geschlossen haben, wodurch wir der Unterwelt stärker gegenüberstehen. Wir teilen alles und helfen uns gegenseitig bei der Arbeit.

(Es war wichtig, in »Bewegung« zu sein. Für jede Arbeit gab es immer viel zu viele Leute, außer für die sehr unangenehmen Beschäftigungen. Wir spezialisierten uns auf die Kartoffelversorgung, und diese Arbeit wurde, weil immer weniger Kartoffeln gebraucht wurden, ständig leichter. Wenn es zu wenig Arbeit für drei gab, verschwand einer in den Kartoffelkeller und versuchte, von einem Bekannten dort Brote zu bekommen.)

Mams hatte gestern Abend einen heftigen Anfall von Zahnschmerzen, die bei Kerzenlicht weggebohrt wurden. Dasberg ist der neue Edgar. Er hat gleich den dicken S., einen sehr unsympathischen Dienstfresser, der sich selbst ein bisschen zum Polizeihauptkommissar hochgespielt hatte, abgesetzt. Auch bekommt er seit einiger Zeit bei uns im Magazin etwas Zusatzernährung. Sogar meinen Eltern habe ich es nicht so gegönnt wie ihm. Was mir bei der Arbeit so zuwider ist, ist die unangenehme Mentalität der Frauen, die bei gleichen Nebeneinkünften viel weniger arbeiten und uns keine Extras gönnen. Soeps Freundinnen und Verwandte sind die lautesten und haben mich z.B. zum »Fresssack« gestempelt. So bekomme ich immer Sticheleien zu hören, wenn ich mein Essen holen komme. E. und Sch., zwei Verwandte, sind uns besonders zuwider. E. hat sich von mir schon oft die Wahrheit anhören müssen; er revanchiert sich, indem er Jacob Soep gegen mich aufhetzt. Ich komme gegen die alten Waterlooplein-Bindungen nicht an. Renate auch nicht. Die wird immer netter, je mehr die Praxis sie von ihrem Ehrgeiz abbringt. Friedmann ist ein Insekt. Jacob ein Stück Pöbel, die Weiber ein stinkender Schweinehaufen, die Männer ein Haufen Arschlöcher. Ein schöner Arbeitsplatz! *(Ein angenehmer Angestellter.)*

MITTWOCHMORGEN, 18. Gestern ein unangenehmer Vorfall. Jaap, Jackie und ich erwarteten, im Keller etwas zu essen zu bekommen. Es war eine Enttäuschung: vier trockene Scheiben

Brot, die jemand persönlich abtrat. Es war unmöglich gewesen, nur zu dritt wegzukommen. Ein alter Kerl, ein Pole, war Zeuge und machte nachher, als wir wieder oben waren, mit sonorer Bassstimme einen Aufruhr, weil wir so ein großes Stück (er deutete ein ganzes Brot) bekommen und ihm nichts abgegeben hätten. Ich versuchte Soep klar zu machen, dass es nur ein kleines Stück gewesen war und dass der Mann gerade mit seinem Handwagen weggefahren war, vergeblich. Ausgerechnet wir werden unkollegial genannt. D., der gerade erst Speck, der für alle bestimmt war, aufgegessen hatte, hielt uns allen Ernstes eine Standpauke. Ich schrie Soep mit lauter Stimme an, und er reagierte mit sofortiger Entlassung. Es stellte sich aber doch als die richtige Haltung heraus, aus der Entlassung wurde natürlich nichts, und Soep schien die Sache nachmittags schon vergessen zu haben.

Renate, die wiederholt von Friedmann sehr unschön aus der Küche geworfen wurde, beklagte sich bei Theo und bekam Recht. Das wird ihre Position stärken.

Ich las gestern Abend Nietzsche. Das einzig Schöne dabei ist, dass es mich an Huik und Flap erinnert, die ihn so sehr bewundern. Mesritz hatte Louise zu Besuch und küsste sie mit Gewalt. Louise sagte, er leide an »Liebestyrannei«. Mesritz: »Das macht nichts, wenn nur die Liebe dazukommt.«

ABENDS, 18. Dasberg hat Pech gehabt: von Theo hinausgeworfen, der alle geheimsten Schuldgefühle Dasbergs verkörperte: »Sie sind sicher nur Dienstleiter, um zu fressen.«

Jackie habe ich eigentlich viel zu verdanken. Er bewundert mich ein bisschen, begreift, was ich sage, und lehrte mich, wie ich mich verhalten muss. Er war in der Küche und hat sich, gegen Theos Wunsch, zu uns zurückgezogen. Von diesem Tag an, das wird mir jetzt klar, ist meine übertriebene Ängstlichkeit weg und ich mache viel seltener dumme Fehler. Schade, dass er, seinen frommen und allgemein verhassten Vater bewundernd, ein bisschen bigott ist. Mams hat Durchfall. Brotration kleiner, zwei Drittel Butter. Wir kommen in den Winter. Neue Holzschuhe sind nun schon fast unbrauchbar. Zum Glück ist der Arbeitstag auch kürzer geworden und die Arbeit etwas weniger abenteuerlich.

DIENSTAG, 24., ABENDS HALB ACHT. Wird das Licht noch eine Weile an bleiben? Oberscharführer Theo hat einen Verlust erlitten; Frau und/oder Kinder totgebombt. Niemand gönnte ihm das. Licht aus.

MITTWOCH, 25. Böses Pech: Wir bekommen nichts mehr. Die Küchenleute wollten zusätzlich das Mittagessen in der Baracke haben, so wie wir es schließlich auch bekamen. Die Folge: Sie selbst bekommen viel weniger, wir nichts mehr. Sina M., die neue Vorarbeiterin (Renate ist Friedmanns Rache zum Opfer gefallen, Theo ist weg), ist ein Miststück. Als frühere Kontrolleurin in einer Zigarettenfabrik kann sie ganz gut antreiben – mit dem einzigen Ergebnis, dass wir zu früh fertig sind –, aber schlecht organisieren. Jacob scheint froh, dass ihm die Arbeit aus den Händen genommen wird, und mischt sich in nichts mehr ein. Vor allem wir Männer sind die Zielscheibe, und unter den Männern ausgerechnet die vier jüngsten, die zufällig auch die gutbürgerlichsten sind. Jaap G. wagt manchmal etwas zu antworten; ich (noch) nicht, bei mir wirkt noch die Entlassungsdrohung. Theo bleibt vierzehn Tage weg, es ist die Frage, ob mit ihm das Essen zurückkehrt. Konversationsprobe: »Sie sehen gut aus, Herr Wormser.«

»Ja, aber es ist viel Ödem dabei.«

Ich fühlte mich heute miserabel, aß nichts von der Galgenmahlzeit. Es sind die Nerven, die gegen so viel Antipathisches den Kürzeren ziehen. Der »Stürmer«[39] gibt ein getreues Bild der Wirklichkeit (aber ein unvollständiges: die Arier sind nicht besser); ich sah es, als der alte Knacker E. mit seiner eingeschlagenen Nase und der kahl geschorenen Verbrechervisage schmeichelte und ein liebes, schelmisches Gesicht machte, um Essen zu bekommen. Der Platzregen von Schmähreden von Jacob, Sina und von allen Frauen wird mir zu viel. Gerade höre ich, dass morgen früh alle um fünf Uhr aufstehen müssen.

---

39 Gemeint ist das antisemitische Kampforgan der Nationalsozialisten »Der Stürmer«, das seit 1923 von Julius Streicher herausgegeben wurde.

Donnerstag, 26. Wenn ich im Stockdunkeln scheißen gehe, sitzen immer meine Freunde Jaap und Jackie schon da, das ist sehr gemütlich. Das Nicht-Essen wird sich auf die Dauer wohl wieder regeln. Jeans Louise hat große Angst in der Dunkelheit, wie sich herausstellte, als das Licht wieder mal um halb acht ausging, gerade als sie von ihrer Arbeit kam (die Schuhe arbeiten zur Zeit bis halb acht). Das liegt daran, dass sie zu den zweiundsiebzig Frauen gehört hat, die damals in Vught achtundvierzig Stunden lang in einer Vier-Mann-Zelle gesessen haben. Zwölf waren erstickt oder totgetrampelt, andere verrückt geworden.

Heute Morgen hatte ich ein bisschen Brotbrei, von gestern aufgehoben, und es trieb eine Wanze darin! Jacobs Eigenheiten sollen hier nicht verewigt werden. Er hätte sich von Sina M. einfach nicht so in den Hintergrund drücken lassen dürfen; mir erspart das übrigens unangenehmes Geschreibe. Nur: Er sagt oft: »Ich sag's noch mal«, »nimm Rücksicht darauf«, »mach schnell fertig«, »mir wird speiübel von ihnen«, »keine Stunde, hörst du«, »ich lass mich für keinen anderen anscheißen«, »muss ich denn überall meine Augen haben, dass dieser Abwasch da wegkommt«, »man sieht es«. Wenn er etwas erzählt, nicken Jaap und ich zustimmend, gestehen uns aber hinterher ein, dass wir nichts damit anfangen können. Ebenso reagiert er mit leeren Blicken auf unser Oxford-Niederländisch. Unangenehm ist seine Angewohnheit, jedem zu erzählen, was für Dummköpfe wir seien, »zwölf Mann habe ich, und trotzdem passiert ... nichts«. Vor allem Engelander bekommt oft was auf den Deckel und wird dann hinterher fett gemästet. Es gibt Theorien, dass Jacob ihm verpflichtet ist. Ich glaube, es ist die alte Achtung für den früher reichen Mann, die, mit Zigarren gefüttert, immer noch nachwirkt. Er ist ein großer, starker, blonder Kerl mit einer Haartolle. Nur seine Füße sind sehr jiddisch. Wie aus Instinkt trägt er im Lager Schuhe, aber in der Küche Gummistiefel.

Freitag, 27. Aus dem Besuch, den der Kommandant dem Lager zum zweiten Mal abstatten wollte, ist nichts geworden; hätte ich mich, wie ich es erst vorgehabt hatte, ins Bett gelegt, hätte ich wieder Kalorien versäumt.

Heute Morgen schnitt ich mir in den Finger und gleich darauf wurde mir schwarz vor den Augen. Seltsam genug: Ich gab nicht auf, und obwohl es immer schlimmer wurde, machte es mich wütend (in Hinblick auf den Blutzuckergehalt), und ich wollte auf keinen Fall sterben. (Denn so kam es mir Laien vor; das Blut war ja nicht zu stillen.) Nachdem ich geschissen hatte – der Drang kam sehr plötzlich und mit meiner Krankenpose, gestützt auf einen Frauenarm, durfte ich mich vordrängeln –, ging es mir besser.

Wenn wir über Mittag dableiben, wird gegenwärtig unser Essen in der Baracke gesperrt, die Meldung von zwölf Mann war schon durchgegeben, trotzdem zur Baracke, eine Portion Essen ausfallen lassend. Dann waren alle von meinem Kranksein überzeugt, und als ich mittags doch kam, brauchte ich nichts zu tun. Morgens von halb acht bis halb eins herrscht der gefürchtete Geizhals von Küche 2, davor und danach ein Mensch, »Opa«. So läuft alles doch wieder ganz gut. Jacob hat es sich überlegt. Zweimal am Tag, einmal morgens und einmal abends, macht er nun Sina eine Szene wegen eines x-beliebigen Gegenstands, um sie auf ihren Platz zu verweisen. Ansonsten überlässt er ihr die Arbeit. Die gleiche Taktik hatte Theo Friedmann gegenüber angewandt. Renate ist krank, ihre Chancen steigen. Die ihrer »lieben Freundin«, J. L., meiner Meinung nach noch mehr. Diese Figur im Hintergrund muss ich mir warm halten.

Jackie und Jaap tagsüber und meine Eltern und Jean und Louise abends geben mir immer noch das Gefühl, ein Mensch zu sein.

Freitag, 3. oder 4. November. Gestern ging das Gerücht um, dass wir heute, da die SS-Küche und die Schälküche schon von polnischen Mädchen übernommen worden sind, abgelöst werden sollten; einhundertfünfzig Mann Küchenpersonal sollen aus Dachau angekommen sein. Es macht mir viel weniger aus, als wenn ich allein entlassen würde. Es ist Morgen; abends ist zu oft das Licht aus. Die Idylle zwischen Mesritz und Louise ist vorbei. Louise kommt erst um halb acht nach Hause und Jean, der um halb vier aufstehen muss, schon um fünf. In der vergangenen Woche wieder ein Konflikt mit Soep, der sagte: »Du bekommst in den letzten Tagen ein viel zu großes Mundwerk. Es ist aus mit dir, morgen bleibst du im Lager.« Er hat mich homöopathisch von meiner Angst vor Entlassung geheilt. Eine Stunde später war es übrigens wieder in Ordnung: »Gegen deine Arbeit habe ich nichts einzuwenden.« Endlich werden also die Meriten von uns dreien anerkannt.

Paps hatte gestern Abend einen Konflikt mit A. Lévy, seinem griechischen Boss. Ich hoffe nur, dass es gut ausgeht. Luza ist vom Oberstabsarzt entlassen worden, weil er bei der Verteidigung seiner Kranken zu nachdrücklich war. Koosje geht es ein bisschen besser. Martin hat mich verdrängt. Bekommen wir jedoch beide Hunger (auch beim Magazin sollten sie abgelöst werden), dann werde ich wohl wieder gewinnen. Sehr unangenehme Tage mit Durchfall und Angina hinter mir. Auch wenig Nebeneinkünfte. Ohne eine besondere Beziehung fast nichts. Nun etwas. Sechs Uhr.

9. NOVEMBER. Heute ein neues, nettes Mädchen in unserem Kommando. Ich dachte, Anklang zu finden. Meine Situation ist schlecht, sechs Tage arbeite ich schon von drei Uhr an. Wir machen Küchenstunden mit sehr wenig Essen. Wohl kehrte, einen Tag vor Theo, die offizielle Zustimmung zurück, uns Essen zu geben, aber man gibt uns sehr wenig, und das Essen ist viel weniger gehaltvoll geworden: achtzig Kilo Kartoffeln für sechshundert Liter, so gut wie kein Fett mehr.

27. NOVEMBER. Nach fünf Tagen Küche heute Abend zu fünft wieder zurück zur Schälküche, die Strafe der fünf Küchenleute ist offenbar abgelaufen. Hoffentlich geht bald wieder ein Transport von Südamerikanern weg. Abgesehen davon, dass wir en bloc zurückgehen, habe ich wohl kaum befriedigend gearbeitet: In einer Art Krampf machte ich alles falsch. Und nun bleibt es doch bei halb drei anfangen. Das ist kein Vergnügen.

5. DEZEMBER. Gestern gingen die eintausendzweihundert Ungarn weg und, eine total unerwartete Katastrophe, alle Diamantenhändler, ohne Frauen. Heute beim Morgenappell, es war noch dunkel, wurden die Frauen auch aufgerufen. Die Kinder

und Frauen gingen getrennt auf Transport. Ich wage meine Eltern kaum anzuschauen, so schlecht sehen sie aus. Mir selbst geht es auch schlechter. Das Mittagessen besteht nun aus hundert Prozent Steckrüben plus Wasser. Auch meine Hände sind kaputt, ich muss aufpassen, dass es mir nicht wie Jaap geht, der wegen seiner verbundenen Hände aus der Küche entlassen wurde. Oft schlafe ich im Stehen ein, oder sind das die »Sperrungen« einer beginnenden Schizophrenie? Heute machte ich den besten Schnitt, seit ich in der Küche arbeite: ein Klumpen Bauchfett, der aus Versehen weggeworfen und, schlecht verdeckt, von mir im Abfalleimer entdeckt wurde. Jackie, Bernie und ich nahmen jeder ein halbes Pfund; es blieb noch viel mehr über, das später in den Schweinestall gewandert ist! Mams schmolz und siebte es durch. Hätte ich doch Theo gebeten, in die Küche zurück zu dürfen. Vielleicht hätte er dann auch mich heute in die Küche 2 geschickt. Zwei von uns sind nun dort. Er hatte die fünf ausgesucht, die am schlechtesten bei ihm angeschrieben waren. Drei kamen zurück. Die Sterberate steigt, sehr viele Leute laufen mit dem Tod in den Schuhen herum. Paps ist im Vorstadium, er hat noch kein Ödem.

In der letzten Nacht in der Schälküche passierte noch Folgendes: Wir mussten im Dunkeln die festgefrorenen Steckrüben vom Haufen loshacken und hineintragen. Schließlich bekamen wir, da wir so das Tempo nicht einhalten konnten, eine Flüssiggaslampe. Jacob wollte, dass die immer mit hinein und wieder mit hinaus genommen werden sollte, aber ich überredete ihn, die Lampe beim Steckrübenhaufen zu lassen. Als das eine Stunde gedauert hatte, kam Ablösung, und das Licht ging aus: Fliegeralarm. Ich schrie so etwas wie: Hol die Lampe herein, und beließ es dabei, da meine Kollegen ja noch draußen waren. Plötzlich fiel draußen ein Schuss. Soep kam mit der Lampe herein und rief mich, fast feierlich: Komm und schau, was du angerichtet hast! Ich folgte ihm in die Küche und sah, bei Kerzenlicht auf einem Tisch aufgebahrt, Friedmann liegen, den ich gerade erst vergeblich gebeten hatte, mir zu helfen, in die Küche zu kommen. Einen Moment lang hoffte ich, die Wache hätte ihn totgeschossen, aber später stellte sich heraus, dass es sich um einen Warnschuss gehandelt hatte, dass Friedmann, der schnell hinausgelaufen war, um die Lampe hereinzuholen, über etwas gestolpert und ohnmächtig geworden war. Jacob gab mir die Schuld an allem, und alles kam heraus, was er gegen mich hatte: dass ich ihn verachtete, dass ich ein Student war usw., usw. »Aber jetzt ist es vorbei mit dir; jetzt ist es vorbei, dafür sorge ich noch«, wiederholte er immer wieder. *(Es ist nie so weit gekommen.)*

24. DEZEMBER. Ungefähr vor einer Woche wurden wir aus der Schälküche eines Morgens hinausgeschickt, da stand eine Abteilung polnischer Frauen bereit, die unsere Plätze einnahmen. Es war doch alles schon keine Art mehr gewesen die letzten Tage, wir gingen nicht vor neun Uhr nach Hause und wurden morgens mit ein bisschen Wasserbrei belohnt. Schlafen war unmöglich, da seit dem letzten Umzug in jedem Bett zwei Menschen liegen. Um dann noch in der Dunkelheit heimzukommen und aufzustehen, das war nicht mehr zu schaffen. (Auch war der neue Kommandant, Kramer, einmal völlig unerwartet morgens um vier Uhr in die Schälküche gekommen, hatte uns faulenzend angetroffen und gesagt: Was machen denn die Männer hier – die schmeiße ich alle raus.)

In der ersten Nacht schlief ich gemütlich in einem Bett mit Jean M., der wurde jedoch als Arier auf Transport geschickt.

Er war vom Pech verfolgt. Der Pferdestall war ein schlechtes Kommando geworden, wo nichts mehr abfiel. Man wollte etwas für ihn tun, aber gerade an dem Morgen, als man ihn ins Brotkommando schleusen wollte, lief er zu Rau und zeigte ein Attest für leichte Arbeit... Es war ihm schon passiert, dass Lubbe, der ihn gerade für die Küche aussuchen wollte, ihn beim Rauchen ertappte und ihm eine Ohrfeige gab, statt ihn mit in die Küche zu nehmen. Bei den Schuhen, wo er dann landete, wurde er erwischt, als er ein Paar Stiefel mitnahm. Er ging in sehr schlechter Kondition weg. *(Und ist jetzt tot.)*

Es gab ein paar kleinere Transporte zu einem, wie man annimmt, schlimmen Ziel. Die ganze Diamantenliste, Frauen und Kinder getrennt, und der größte Teil der so genannten Mischlinge.

Vorgestern wurde Albala abgesetzt. Der Lagerälteste vom Nachbarlager ist jetzt der Boss und macht es sehr gut.[40] Die Kapos schlagen zwar, aber sie kennen ihren Job. Ich arbeitete erst ein paar Tage im so genannten Abfallkommando, aber viel fiel nicht ab. Gestern wurde ich, »nur für heute«, ins Stubben-Kommando gesteckt. Heute trete ich dort nicht wieder an, muss nun zur Strafe morgen doch hin, habe aber die Hoffnung, herauszukommen. Die Arbeit fiel mir dort – noch – nicht so schwer, nur nahm das Gejammer den ganzen Tag kein Ende. Habe nun abends gemütliches Familienleben. Wir sind mit viel Brot im Rückstand. Mein Bettgenosse ist ein Diamanten-Prolet, Henk mag ihn überhaupt nicht.

SILVESTERNACHMITTAG, 4 UHR. Sehr unangenehme Stubben-Kommando-Tage hinter uns. Morgens, auf dem langen Marsch zum Wald, bin ich todunglücklich, genau wie früher auf dem Schulweg. Es wird viel geschlagen. Bis jetzt bin ich noch nicht aufgefallen. Jaap arbeitete heute im Brotkommando; mir gelingt so etwas nicht. Vielleicht hat Koosje einen Versuchsballon steigen lassen und ist mit dem Hinweis auf meinen Ruf als Dreckschwein zum Schweigen gebracht worden? Läuse habe ich schon seit der Schälküche, schmutzig bin ich auch. Es ist mir zu kalt im Waschraum und die Jauche steht zu hoch und ich bin zu müde. Das hat in der Schälküche angefangen. Die Naturschönheit ist zu deutsch, zu kitschig geht die Sonne auf; der verschneite Wald und die Schwaden Zigarettenrauch (das einzig Menschliche an den Wachtposten) wecken sauer gewordene Wintersport-Assoziationen. Nie mehr Wintersport!

Nun, da der Reiz des Neuen verflogen ist, erweisen sich die Kapos nicht als Verbesserung. Unser Kommando wird besser ernährt, aber ich habe seit meinem Geburtstag einen verdorbenen Magen und daher keinen Hunger. Mams hat große Brotschulden. Heute kam endlich ein Päckchen. Bedenklich oft ist das Thema der Konversationen: Werden wir es schaffen? Habe gerade gehört: zwei Päckchen! Ein Schurke von der noch intakten jüdischen Leitung versprach schon seit ein paar Tagen, dass ich

---

40 Der Grieche Jacques Albala wurde am 23. Dezember 1944 als Lagerältester des Sternlagers durch den Holländer Joseph Weiss ersetzt. Dazu Kolb, S. 32, 82. (vgl. S. 18, Anm. 8).

rauskommen sollte; heute nahm er mir alle Hoffnung. Die Alternative ist: Pfleger zu werden von vier unruhigen KZ-Patienten (Paps' neue Abteilung!), was eigentlich schon vom Stabsarzt angeordnet worden ist, aber die Instruktionen des Lagerältesten, heißt es, wiegen schwerer. Trotz aller Verliebtheit habe ich mich am Zaun hier nebenan, wo Frauen aus Auschwitz sind (auch aus Holland, z.B. über Theresienstadt), noch nicht nach Jenny erkundigen wollen.

2. JANUAR MORGENS. Noch nie so mutlos gewesen wie jetzt, sogar über Selbstmord nachgedacht. Ein vorübergehender Zusammenbruch? Ich glaube weder an Austausch noch an ein rechtzeitiges Kriegsende und lüge Mams an, dass ich es doch tue.

5. JANUAR. Die Situation wird immer beklemmender. Es scheint, dass das gesamte jüdische medizinische Personal durch Häftlinge vom KZ nebenan ersetzt werden soll. Berlin will dies; der Oberstabsarzt hat nicht viel dafür übrig, kann es aber nicht verhindern. Das sind schlechte Aussichten für Paps. Gestern sprachen wir darüber und ich erklärte ihm, dass er es im Stubben-Kommando keine Woche aushalten würde. Er fasste das verkehrt auf. »Gut, dann habe ich Pech gehabt, dann werde ich mich damit abfinden, dass ich hier sterbe.« Mams wird ihn wohl dazu bringen, dass er sich zuvor absichert, so wie alle anderen es wahrscheinlich auch tun. Er muss auf sein Alter hinweisen, schließlich sieht er viel jünger aus. Um fünf Uhr müssen wir aufstehen – ich tue es nicht, mein Bett ist fast unsichtbar und unerreichbar – und erst um 6.45 Uhr antreten, und wir marschieren erst um halb acht ab. So lange dauert es, bis die Anzahl für unser Kommando zusammen ist. Immer gehört dazu ein großer Prozentsatz zufällig in der Nähe stehender Kranker und Alter, die wir abends nach Hause tragen müssen, denn gerade solche Typen werden halb tot geschlagen und getreten. Mein Magen ist chronisch.

Vielleicht darf ich nicht klagen, da junge Leute meines Alters im Ausland Soldaten werden müssen und einer hohen Mortalitätsrate ausgesetzt sind – aber meine armen Eltern... Nur wenn Flap unter den Häftlings-Ärzten wäre, würde ich uns noch eine Chance geben.

Das Kind von Gerda B. ist gestern gestorben. Ich habe es erst nicht gewagt, ihr zu kondolieren, später wollte ich nicht von ihr weg, weil sie so tapfer ist. Unbegreiflich ist ihre Beziehung mit X.Y. So etwas stört mich immer *(das war derjenige, der uns rechtzeitig gewarnt hatte)*. Schade um all das Papier, das ich mit »Poesie« verschwendet habe.

Nach dem Krieg möchte ich in einer langweiligen Pension mit älteren Leuten wohnen (Jan Tabak) und Kirschkuchen zum Tee essen. Halb tot bin ich also auch schon.

SONNTAG, DER 7., ist schon wieder fast um. *(Ich hatte mir selbst eine kritische Frist von vierzig Tagen gesetzt, war aber zu abergläubisch, um das aufzuschreiben.)*

Was für ein herrliches Leben hätte ich haben können und kann es, falls unvorhergesehene Dinge passieren, noch bekommen. Ernsthafte Sorgen mache ich mir über Kleinigkeiten: Frostbeulen an den Händen, eingeschlafene Finger und Zehen. Kleine Zeichen des Verfalls. Der Winter beginnt gerade erst. Im Wald grüble ich – und wer mich anspricht, den schnauze ich zusammen – über élan vital: Das Leben ist das Einzige, was es gibt, der Rest ist Abfall: Wie kann man sich verwundern über das Einzige, das selbstverständlich ist. *(Philosophisch vielleicht angreifbar, doch grübeltechnisch war es zu vertreten.)* Große Stücke totes Holz, an dem doch noch irgendwo Leben ist, oder Pflanzen, die im Frühjahr wieder beginnen, machen mir Mut. Wir holen Holzstrünke aus dem Boden; das einzig Schlimme sind die kalten Füße und die Posten, deren schreiende Anwesenheit mich mehr ärgert als alles, was sie mir antun können. Übrigens ist das nicht wenig, und ich bin, ohne je besonders aufgefallen zu sein, voller blauer Flecke. Die Arbeit fällt mir, wie ich abends merke, viel zu schwer. Man lässt uns dann noch die schweren Kessel aus der Küche ins Lager schleppen, bevor wir unseren dreiviertel Liter Steckrübensuppe oder Grieß bekommen. Es ist für sie am einfachsten so. Der Optimismus ist so vollständig verstummt, dass jeder froh wäre über ein Kriegsende vor dem kommenden Winter. Vielleicht ist das ein gutes Zeichen? Auch die Frauen vom Magazin sind jetzt durch Polinnen ersetzt worden. Es braucht mir also nicht mehr Leid zu tun, dass ich nicht mehr in den Keller gehen kann. Koosje kann jetzt nichts mehr geben, das erste Stück Brot war auch das letzte. Wieder jemand, bei dem ich mich nicht mehr zu bedanken brauche.

Die Treue zu meinen Eltern wird von ihnen belohnt, ich esse ihnen, natürlich unter großen Schuldgefühlen, die Haare vom Kopf. Außerdem gehören sie, völlig unterernährt wie der Rest, zu den wenigen netten Menschen hier! Hätte ich hier nur ein gutes Buch! Die Verse der Dichterin sind mir auf eine sehr kränkende Art vom Ehepaar Levissohn verweigert worden. Es ärgert diese Zionisten offenbar, dass wir auf der Südamerika-Liste standen. Aus einem Austausch wird nichts mehr; in Kürze verfällt der Unterschied zwischen uns und den Auschwitz-Frauen, und Gott weiß, was mit uns passieren wird. Es hat schon für so viele andere unverhofft zu lange gedauert. Aber soll man sich in eine Ecke stellen und verzweifeln? Und unter einen Lastwagen zu springen, erweist sich als vorübergehende Aufwallung. Das tue ich natürlich doch nie; wenn ich so mutig gewesen wäre, befände ich mich nicht hier. Übrigens habe ich bisher an meiner Feigheit ebenso viel Spaß gehabt wie Daan und Jaap an ihrem Mut. Jetzt erst beginnt die Strafe.

FREITAG, 12. Es wird mit vollkommenem Kapo-Regime gedroht, ohne jegliche jüdische Leitung, und mit Kapo-Ärzten. Es wird also wohl so geschehen. Ich hatte eine kleine Chance, ins so genannte Brotkommando zu kommen, das als Ganzes entlassen worden ist (Jaap hatte Pech), aber »man« (Martin?) wollte mich nicht, laut Jerry, weil ich seltsam spreche und so komisch aussehe. Außerdem stellte sich heraus, dass die Liste derjenigen, die vom Stabsarzt als für das Krankenhaus unabkömmlich bezeichnet wurden, von der Kommandatur zurückgekommen ist und nur mein Name ausgestrichen wurde. Hat Beppo dies über Y. Y. tun lassen? Warum? Habe ich denn Feinde? Nachbar de W. ließ die freundliche Maske fallen. Könnte ich ihn nur in einem Löffel Wasser ersäufen. Selbstmordversuch von C. B. und Sohn.

SONNTAG, 14., ist nun auch vorbei. Habe kein Gramm Fett mehr am Leib. Unsere Gruppe arbeitet (zu) schwer, deshalb selten Schläge. Ich esse den Eltern die Haare vom Kopf, trotz aller

Transaktionen sind wir drei ein paar Tage Brot im Rückstand. Mams, Paps und ich essen jetzt im Ärztezimmer. Ich bin sehr deprimiert durch das, was ich dort höre: »Lagerfieber« ist Typhus ... Tuberkulose ist immer eine ungünstige Prognose. Mams hustet. Pakete bekommen wir keine. Es werden Abgrenzungen zwischen den Lagern hier aufgehoben, man weiß noch nicht, welche. Ich habe Filzläuse in den Schamhaaren. Heute Nachmittag war kein Buch zu bekommen, also habe ich geschlafen. Wurde heute Morgen wieder schrecklich geschlagen. Meine aufgesprungenen Hände sind voller Risse, meine Füße fühlen sich noch immer eingeschlafen an, aber es geht jetzt besser. Schade, dass die Holzschuhe bald am Ende sein werden. Wenn Auschwitz und Birkenau hierher kommen, sehe ich dann Jenny wieder? Aus Austausch wird nichts (Typhus). Ist Holland noch in deutschen Händen? Komme ich selbst hier heraus, dann ist das Tagebuch nicht mehr nötig, sonst hält Papier länger aus als ein Mensch, es sei denn, dass es einem an Durchfall Leidenden in die Hände fällt.

FREITAG, 19. JANUAR. Die letzten Tage arbeitete ein immer schwindendes Stubben-Kommando im Russenlager, wo Baracken bereitgestellt werden. Vorgestern wurde viel geschlagen, und mittags bekamen wir unseren zusätzlichen Liter nicht; gestern war es ruhiger, aber nicht auszuhalten vor Kälte und Langeweile und Hunger. Gestern Abend hörte ich, dass ich eine kleine Chance hätte fürs Brotkommando, selbst aber nichts tun sollte. Ich versuchte mein Glück auch bei Friedmann, vergeblich. Hanke, der Lagerälteste, versprach Paps, dass ich aus dem Kommando kommen sollte, aber ich habe keine Lust auf die Arbeit mit den Verrückten. Außerdem ist Paps krank und kann jetzt nicht zu H. gehen. Heute Morgen bei Kälte und Regen angetreten, mit Mams' Gemütlichkeit und Frühstück im Bauch, und ich wunderte mich über das sehr kleine Kommando (zwanzig Mann, ursprünglich siebzig), und als Rau plötzlich damit ankam: »Es rückt niemand aus!«, dachte jeder an Strafe: Die guten Kommandos werden zu uns gesteckt u.ä. Fünf Minuten später kam H., es wurde eine Liste verlesen. Erst dachten wir, es wäre ein Appell für das Stubben-Kommando, dann stellte sich heraus, es waren ... wir Südamerikaner. Eine nicht-alphabetische Liste, also große Nervenanspannung. Gegen alle Erwartungen sind Paps und ich dabei. Wir dürfen zur Baracke. Paps, im Krankenhaus, zeigt sich sehr depressiv und vertraut mir an, dass er für sich (und für Mams, vor allem für Mams!) Schlimmes voraussieht, falls nichts passieren würde. Später am Tag sank meine Hoffnung wieder; wir waren auch bei Mös, der u.a. fragte, ob es nicht noch mehr Kinder gebe. Eine Tochter? Und wo? In der Schweiz. Das Gespräch war dann sehr abrupt zu Ende. Ominöser ist, dass zu einigen Personen gesagt wurde, dass sie Sonntag nach Libenau gehen.[41] Aber das sind Personen, die sich vom Gros in der einen oder anderen Hinsicht unterscheiden: Nordamerika oder Konsulatspersonen. Ich glaube nicht, dass am Sonntag mehr als eine kleine Gruppe weggeht. Aber ich wage es, auf ein Päckchen zu hoffen, morgen.

Das Russenlager besteht aus großen, sehr guten Sanitätsbaracken, in eine davon ist das Schneebaum-Lager umgezogen, und kleinen Baracken, die etwas besser sind als unsere, weil Latrine und Waschraum überdacht sind und zwischen zwei Baracken eine japanische Kiefer steht und ab und zu was Grünes. In diesen kleinen Baracken werden nun Frauen aus dem Lager nebenan (unserem alten Frauenlager) und vom Zeltlager oder von neuen Transporten ziemlich menschenwürdig untergebracht. Dass wir zum Russenlager kommen, wird dadurch unwahrscheinlich.

Ich höre gerade, dass das Stubben-Kommando heute wieder im Russenlager gearbeitet und damit eine Ration Brot verdient hat... Mams kocht im Ärztezimmer, in dem wir jetzt essen. Heute zeigte sich wieder, wie »verfressen« ich bin. Eine Arbeit nur im Lager würde mir schon deshalb nicht gefallen.

Ich fühle mich als einziger Weiser zwischen den Idioten, die uns schon am Sonntag weggehen sehen. Mein linker Holzschuh ist wieder durch. Werden nun auch meine Zehen gangränös werden?

---

41 Es handelt sich vermutlich um das Internierungslager Libenau/Württemberg. Ein Transport nach Libenau aus Bergen-Belsen wird am 17. November 1944 erwähnt: Kolb, S. 72. (vgl. Anm. 8, S. 18).

SAMSTAG, 20. Ein seltsamer Tag... Beim Arbeitsappell mussten wir uns aufstellen und konnten nach Hause. Im Lauf des Morgens mussten alle zu einer Art Musterung antreten. Da wurde man mit Namen aufgerufen, was der Stabsarzt tat. Er war freundlich zu Paps, stellte es als eine Art »Gefälligkeit« dar, dass er ihn, trotz seines schlechten Aussehens, als »transportfähig« eintrug. Später stellte sich heraus, dass viele nicht aufgerufen worden waren. Bis ungefähr 4.30 Uhr gehörten wir zu den Beneideten und Auserkorenen und versuchten, uns daran zu gewöhnen. Dann mussten wieder alle antreten und die Namen von Menschen wurden vorgelesen, die mit ihrem Gepäck zurück mussten. Wieder neunzig Mann weniger: Kusine Jet war noch dabei, wir nicht mehr. Als ich den Koffer sah, den Mams gerade einpackte, tat es mir so Leid für sie... Für mich ist es nicht das erste Mal, dass ich träume, frei zu sein.

Heute Abend ging ich zum Magazinsaal (Petra und Koos gehen auch nicht weg) und sprach mit Martin und Gunther. Dass ich mit Jaguar selbst außer bei der Begrüßung nicht mehr gesprochen habe, scheint mir jetzt ein Fehler zu sein. Tatsächlich wird nun hinter seinem Rücken gemunkelt, dass Martin morgen früh versuchen wird, mich mitzunehmen ins Brotkommando. Heute Morgen habe ich noch gesagt: »Ich tausche meine Austauschchancen gegen die Sicherheit, ins Brotkommando zu kommen.« Mögen die Götter mich beim Wort nehmen. Ich habe Beppo, den jüdischen Arbeitseinteiler, gegen mich. Jaguar, diesbezüglich gefragt, weiß von nichts. Ich habe offene Wunden an den Händen, ich bin ungeschickt, meine Haare sind zu lang. Dem steht gegenüber: eine halbherzig gemeinte Protektion. Trotzdem bin ich heute Abend froher, als ich lange Zeit war; endlich ist eine Änderung zum Guten in Sicht. O ja, ich bin noch zu Fräulein Schlotke durchgedrungen; diese sagte – und ich sah ihr an, dass sie log –, dass in vier Wochen wieder ein Transport weggeht.[42]

MITTWOCH, 7. FEBRUAR. Sonntagmorgen, am 22. Januar, ging ich mit dem Brotkommando mit und aß mich später im Maga-

---

42 Frau Schlotke arbeitete in der SS-Verwaltung des Lagers Bergen-Belsen.

zin satt. Es war schönes Wetter; leider erinnerte mich alles an die Schweiz! Am Montag stellte sich heraus, dass ich nicht mehr mit konnte. Ich drückte mich, bei Mams auf dem Bett. Als es heller wurde, sah ich sie zum ersten Mal bei Tageslicht und sah auch, dass sie Gesichtsödeme hatte. Den ganzen weiteren Tag tat ich mein Bestes und hörte, völlig unerwartet, dass ich um halb drei am nächsten Morgen für Küche 3 antreten musste. Das hatte ich bestimmt meinem festen Entschluss zu verdanken.

Es stellte sich heraus, dass Küche 3 ein kleines Paradies war; auch wenn ich durch meine langsamen Reaktionen nicht zur Arbeit taugte und auch wenn ich nicht populär war, waren die meist aus Küche 2 stammenden Jungen immer kollegial. Ich aß genug und wäre, hätte ich ausreichend schlafen können, bestimmt wieder zu Kräften gekommen. Es gab jedoch Nächte mit nur zwei Stunden Schlaf. Meine Eltern profitierten mit. Ein bisschen Schadenfreude empfand ich, als nach zwei Tagen das Brotkommando aufgelöst wurde... Dadurch war mir, dachte ich, der Rückzug abgeschnitten. Gemüse-, Brot- und Kohlenkommando fielen weg, nur die Küchen blieben übrig. Inzwischen profitierten meine Eltern mehr und mehr, wenn auch weniger als die von anderen, die geschickter und routinierter waren. Wohl aber zeigte sich, was für »Mistkerle« alle Leute aus Küche 1 eigentlich waren; in der Zeit, als ich dort arbeitete, habe ich Hunger gelitten und mich zu Tode arbeiten müssen.

Vor ungefähr fünf Tagen sollten wir abgelöst werden, die Frauen standen schon bereit. Die Frauen kamen herein, unangenehme, faule Polinnen im Gegensatz zu den netten ungarischen Mädchen, die von Anfang an da waren. Wir sollten noch eine Weile bleiben, um sie einzuarbeiten. Am nächsten Morgen kamen plötzlich zehn arische Russinnen, die sofort anfingen, sehr schwer zu arbeiten. Man konnte sich in der übervollen Küche weder wenden noch drehen. Ein paar Stunden später wurden die Russinnen in die Schälküche geführt. Sie waren einen Tag zu spät gekommen. Eine machte mir gestern unehrenhafte Vorschläge gegen Essen; ich werde später, wenn ich das wiederlese, nicht nachfühlen können, dass mir davor ekelte.

Gestern Abend wurden zum ersten Mal fünf Männer entlassen; ich war natürlich dabei. Als wir, ich als Letzter, zum Tor kamen, hörten wir von einer Ordonnanz, dass Küche 1 kontrolliert worden war und man sie en bloc beim Klauen im großen Stil erwischt hatte; alle Namen wurden notiert. Kurz darauf kamen die Opfer selbst, eher weinend als sprechend, und gesellten sich zu uns. Endlich ging das Tor auf, endlich.

Heute Morgen zum zweiten Mal Schadenfreude: Um vier Uhr wachte ich erneut auf, weil das Küchenpersonal bereits wieder zurückkehrte; die ganze Ablösung, durch den Vorfall in Küche 1 beschleunigt.

Heute mussten alle Männer wieder umziehen, in eine Baracke ohne Wasser und Licht. Morgen Frauen und Krankenhaus, also Mams und Paps. Das Fleisch und das Brot haben Paps auf die Beine geholfen; Mams ist jedoch schlecht dran. Ich bin erschöpft und habe ein leichtes Ödem im Gesicht. Ich hatte vierzehn Tage lang Schwierigkeiten mit Magen und Därmen und habe jetzt erst wieder Hunger... Schlafmangel ist fatal für mich: Ich kann dann nichts mehr, starre hypnotisiert vor mich hin, bewege mich auffallend langsam, bin dumm. Bis in mein jetziges Schreiben wirkt der Schlafmangel nach. Ich werde mit einem Nachtpfleger zusammen schlafen; ich selbst werde Tagespfleger. So werde ich doch alleine schlafen. Aber es war Pech, dass die Entlassung nicht zwei Tage später gekommen ist, dann wäre der Saal, in dem das Küchenpersonal und alle Magazinarbeiter Betten für sich allein hatten, wohl zusammengeblieben.

Das frühere Lager für Russen, in dem nun Frauen aus Auschwitz und Birkenau wohnen, ist wirklich ein faszinierender Ort: Ich war noch immer nicht daran gewöhnt, und es tut mir Leid, dass ich diesen Blick ins Jenseits nicht habe in die Länge ziehen können. Eine Schlussfolgerung: Polnische Jüdinnen liegen mir nicht und polnisches Jiddisch auch nicht, der Charme des Ostjudentums liegt ausschließlich bei den Russen.

Es gibt dort auch arische Polinnen und Russinnen. Alles ist in ständiger Bewegung. Dauernd kommen neue Transporte an; viele sind tagelang gelaufen. Die Selektions-Geschichten aus Auschwitz kannte ich schon. Ich finde Vergasen weniger grausam als das Aushungern hier. (Bei einem »natürlichen« Sterbevorgang wie hier kommt es zu einem Vorherrschen des arbeitsunfähigen Teils der Bevölkerung: hier so stark, dass der Kot auf der Straße liegen bleibt und die Kranken nicht gepflegt werden und die Wäsche nicht gewaschen wird.)

Die Korruption in jenem Lager ist sehr stark, und vom Essen bekommen die Frauen nur die Hälfte; die andere Hälfte dient dazu, eine große Minderheit von »Lagerältesten«, »Blockowas«, »Stubowas«, »Kapos« und anderen mit seidenen Strümpfen und hohen Stiefeln ausgestatteten Frauen gut zu füttern. Diese fuchteln mit Stöcken, schreien, treten und es ist alles Theater; jeder stiehlt frech, niemand fürchtet Schläge, Namen notieren wie hier gibt es nicht.

Morgens um vier Uhr musste ich die Transporte Kartoffel- und Steckrübenschnipsel von der Schälküche zur Küche begleiten und konnte nicht verhindern, dass unterwegs Horden hungriger Frauen aus der Dunkelheit kamen, uns angriffen, die Behälter leerten und wieder verschwanden. Zuletzt schlug ich mit einem Besen drauf – ohne Erfolg. Später übernahmen vier Russinnen den Auftrag von mir und prügelten, so weit es im Dunkeln möglich war, das Terrain frei. Morgens um vier Uhr sind sie schon alle auf, um zu stehlen, kein Wunder, dass das Brotmagazin eines Nachts leer geplündert wurde. In unserem Lager liegen Küche und Magazin außerhalb des Zauns, dort sind sie Baracken zwischen anderen. Der Unterscharführer, ein sehr netter Mann, mit dem es gut zu arbeiten war, hat aber Frauen aus dem Gang geworfen, wo sie all unsere Steckrübengefäße, die Arbeit eines ganzen Tages, in drei Minuten leer gemacht hatten, er schlug sie, trat sie, als sie auf dem Boden lagen, halb tot.

Die Familie von Jenny kannte man nicht; sie werden sich in Auschwitz wohl behauptet haben.

12. Februar. »Qui dort dîne.«[43] Als Pfleger im Krankenhaus habe ich zwar inoffiziell ein Bett allein im Ärztezimmer – auch wenn es ein stets bedrängter Platz ist –, aber ich entbehre, was meine Ex-Kollegen alle an Nebeneinnahmen verdienen, mit ein bisschen Arbeit im Lager. Es wird nämlich für alle Ex-Küchenleute von Theo Essen ins Lager geschickt. Heute hörte ich zum ersten Mal davon und kam gerade eine Stunde zu spät, um et-

---

43 Französ.: »Wer schläft, braucht kein Essen.«

was davon zu bekommen... Das Stubben-Kommando war mir noch lieber. Heute Nacht, in meinem Traum sehr zu Recht, aber für die Realität sehr unpassend, kleckerte ich aus dem Urintopf und ein Teil des gefährlichen Inhalts tropfte auf meinen unteren Nachbarn Dr. K. Großes Entsetzen, und ich bin erstaunt, dass ich noch nicht hinausgeworfen wurde. Das Geschenk einer Injektionsspritze an Dr. M., der hier der Leiter ist und nicht unkorrupt, wird wohl geholfen haben.

Sehr schmerzlich erinnere ich mich an das Kartoffelpürree und das Fleisch, das Fleisch und alles, was so lecker und im Überfluss vorhanden war, dass ich mich von Anfang bis Ende überfressen habe in Küche 3... Das dreckige Hungerwasser schmeckt leider schon besser als das leckerste Häppchen dort. Und jetzt gibt es keinen möglichen Ausweg mehr.

Täglich sehe ich, was noch mit uns passieren kann. Den Patienten im Saal fehlt es durchgehend an nichts als an Essen. Alle Rationen sind auf drei Viertel dessen zurückgesetzt worden, was sie waren; mit einem Kommissbrot eine Woche auskommen statt sechs Tage, noch früher fünf. Wir sind schon im Rückstand mit Brot.

Im Saal: verlauste, verdreckte Skelette, in Lumpen liegend, denen es nicht mehr warm wird. Was soll ich tun mit der schmutzigen und verlausten Unterwäsche, die ich einem Patienten ausziehe? Gepäck darf nicht unter dem Bett liegen. Ich packe sie vorsichtig und werfe sie weg. Der Mann wird ohnehin sterben. Ich würde sie alle mit ruhigem Gewissen töten, wäre es nicht, dass a) meine Eltern fast in der gleichen Verfassung sind, b) der Krieg theoretisch doch schnell zu Ende sein kann und total erschöpfte Menschen noch im letzten Moment ausgetauscht werden. Wird nichts aus einem Transport, weiß ich nicht, wie wir noch gerettet werden sollen. Der Mann von Gerda B. liegt neben mir auf dieser Bank; ihm ist schlecht geworden. Nun muss ich mich rasieren gehen, das Geschirr waschen und die Kissenüberzüge von Dr. K.; meine erfrorenen Hände halten das kalte Wasser nicht aus. Hätte ich nur Freunde hier, dann könnten wir zusammen darüber lachen. Mesritz hat hier Pech gehabt. Er war, wie gesagt, schon einmal für die Küche ausgesucht worden, als man merkte, dass er rauchte. Er wurde – ohne sein Wissen – ins

Brotkommando geschleust und kam mit einem Attest für leichte Arbeit an! Fast reif für das Krankenhaus, ging er hier als Arier weg; ich hoffe, er trifft Flap. Das Mädchen Louise ging auf einen Mischlingstransport, mit Durchfall beschmutzt und in schlechter Verfassung. Die Diamanten-Leute sind zum Teil »zurück«, im Lager nebenan, ohne Strümpfe und Winterkleidung und sogar für hiesige Verhältnisse in einem jämmerlichen Zustand. Die Sterberate steigt progressiv.

15. Februar. Ich bin todmüde, hungrig und ratlos – aber irgendwo ist ein Stück meines Selbst, das allerwichtigste, ruhig und unversehrt. Damit in Übereinstimmung eine weitgehende Parallele zwischen dem früheren erotischen Leben und dem heutigen Essensleben: viel jammern, dadurch Chancen verderben, Mangel an Diskretion und zu wenig unbescheiden. Was jeder bekommen kann, bekomme ich nicht. Etwas an uns bleibt immer gleich.

Das Lager kommt nach dem Umzug langsam in Ordnung. Die Baracken sind voll mit Kandidaten für das Krematorium: Skelette, die nur das Bett verlassen, um Essen zu holen. Auf dem Dach liegt keine Teerpappe; wenn es regnet, wird alles nass, Betten, Decken, Gepäck. In meiner eigenen Baracke (in der ich nicht schlafe) gibt es auch kein Licht; auf der Straße überall Fäkalien.

Eine Nacht habe ich in dieser Baracke geschlafen, mit dem Nachtpfleger, der krank war. Er hatte den ganzen Tag schon auf seiner und meiner Decke gelegen und gebrütet. Als ich mich, wie üblich, nackt einrollte, fühlte ich die Läuse in großer Zahl über mich hinweglaufen. Die ganze Nacht habe ich sie gefangen und zerbissen, es gab keine andere Art, sie totzukriegen. Wenn Licht an ist, kann man sie gut zwischen zwei Nägeln zerdrücken. Morgens früh ging ich zum Ärztezimmer, in dem Licht brannte, und suchte die Decke Quadratzentimeter um Quadratzentimeter ab. Dann räumte ich ein Gepäckbett ab, legte mich hin und wartete, bis mein Vater aufwachte, um ihm zu erzählen, dass ich bleiben würde. Ab da beherrschte ich die Läuse; was ich tagsüber auflas, fand ich abends an den bevorzugten Stellen wieder: Hals, Achseln. Ich hatte mir alle Körperhaare abrasiert.

Hier im Saal kann ich es nicht mehr lange aushalten. Die Chance auf ein Extra gab mir früher immer Hoffnung, jetzt ist nichts mehr zu erwarten. Pakete werden nicht mehr kommen. Das Hungerfühl ist längst nicht die wichtigste Facette des Hungers: Es hält kurz an und ist mit einem Minimum an Essen zu vertreiben. Das Wichtigste ist die psychische Veränderung, welche die sog. Verfressenheit, Hungerphantasien und Neid hervorbringt. Das Hungerfühl war in der Küche sofort verschwunden, aber der Rest blieb. Daher das Überfressen, das ich mir immer antat, und der Hunger direkt nach der Entlassung. Mams liegt in ihrem Bett und hungert, Paps auch, Letzterer ebenso wie ich mehr über meine Küchenperiode als über früher phantasierend: Durchgeschnittenes Kommissbrot und Fleisch für ihn, leckeres Essen, Toast mit Zucker, dicker Brotbrei, warmer Butterkuchen, die schwarze Rinde eines Brotes dick mit Butter und Leberwurst für mich. Nun, da der Lagerälteste behauptet, dass der letzte Transport ... in ein Konzentrationslager weg ist, weiß man nicht mehr, was man hoffen oder erwarten kann. Der Krieg läuft gut. Ein schwacher Optimismus regt sich. Mir bleibt nur die Hoffnung, alles so zu formulieren, dass es Genuss bereitet, auch wenn ich nicht glaube, dass das Tagebuch aus dieser Pesthölle herauskommt, um den Freunden von unserem Hungertod – das Letzte, was man für uns in petto hielt – zu berichten.

21. Februar. Vorgestern wagte es eine tollkühne IPA. Der Krieg sei vorbei, hieß es.

Gott lenkte es so, dass ich »Das fünfte Siegel« nun wieder los bin; da ich kein Tauschobjekt hatte, hatte ich es mir zeitweilig geliehen und nun gab der Besitzer es jemandem, der seiner Frau einen Kriminalroman geliehen hat. Ein wütender Disput über Literatur zerriss alle Bande mit diesem Kerl. Man nennt mich diskussionsunfähig, weil ich Vestdijk gut finde und vor allem weil ich es wage, Zweig als zweitrangigen Kitsch zu bezeichnen. Auf diesem Markt hier hat ja alles seinen festen Preis. Jemand wurde dazu gerufen und sagte: »Zweig hat nur ganz seriöse Sachen geschrieben.« Ich hätte es nicht besser sagen können! Keine Spur von Humor und Nuancen.

Es ist nun eine Tatsache, dass ich Ödeme im Gesicht habe: ein unrasiertes Käthe-Kruse-Puppengesicht blickt mich rosig aus dem Spiegel an. Die Arbeit, die ich schlampig erledige, zu der ich zu spät komme und so weiter, geht weit über meine Kräfte: Von allen Seiten angemeckert zu werden, frisst mich vor Wut auf.

Wir bekamen ein kleines Päckchen und tauschten den Zucker gegen Brot; Paps schnorrte mit Erfolg bei einer offiziellen Instanz; gestern gab es eine Sonderration Brot (weil es kein Essen geben sollte, aber es kam doch). Ich bekomme manchmal eine Zigarette, trotzdem leiden wir Hunger, siehe Ödem. Die Herren Doktoren hier im Saal sind ein kindischer, missgünstiger Haufen. Kein einziger Burschenschaftler ist dabei und alle sind gleich widerwärtig. Paps ist bei weitem der beste. Ich muss mich noch rasieren, mein Bedürfnis erledigen, entlausen.

Mittwoch Nacht, zwei Uhr. Ich profitiere vom Licht, das jetzt so gut brennt. Auch wenn der Krieg noch heute aufhört – die Berichte sind derart, dass es zwischen jetzt und in einem halben Jahr zu Ende sein kann –, dann ist es für Mams vermutlich doch zu spät. Heute Nachmittag ein Gespräch: Würden wir nach dem Krieg auch so gute Freunde bleiben? Wir kamen zu dem Schluss, dass wir durch eine heile Rückkehr (als wäre das überhaupt möglich!) mehr zu gewinnen hatten als die meisten anderen, denn schließlich waren das einfache Bürger und ihre feiertäglichste Existenz war für uns noch unerträglich. Hunger steht vor der Tür. Die Päckchen sind verteilt, ein Siebtel pro Person; wir teilen nicht mehr mit. Wir hatten, wie immer, auf ein Wunder gehofft und können jetzt kein Brot kaufen, auch wenn wir weit im Rückstand sind. Das Personal wird hier schändlich behandelt: Der halbe Liter Steckrübensuppe pro Tag von bisher soll jeden zweiten Tag kommen, schon heute bekamen wir keine Abendsuppe zusätzlich. Das Verrückte ist, dass jeder außer uns, der arbeitet, doppeltes Essen bekommt, zum Beispiel auch derjenige, der den Waschraum hier sauber macht.

Die besten Kräfte sind schon krank. Es wird so werden, wie es schon lange mit dem Friseur ist. Wer nicht bezahlt, dem wird nicht geholfen. Dies werde ich morgen zu Weiss sagen, wenn sich sonst niemand traut. Heute in meiner offiziellen Baracke einem Vater mitgeteilt, dass sein siebzehnjähriger Sohn gestorben ist. Am Ende eines sehr engen und läusegefährdeten Gangs, den ich mich kaum zu betreten wagte, lag der Mann auf der linken Seite. Ich wurde von rechts gerufen. Dort lag B. im Bett, in »unserem« Bett! (in dem ich eigentlich wohnen müsste). Gehörte zur Arbeit nicht das Hier-Wohnen, ich täte es nicht länger.

23. FEBRUAR. Heute nicht erfolgter Transport von neunzig (zusammen mit uns) vom vorigen Südamerika-Transport gestrichenen Personen. Diesmal habe ich das Gefühl, falls es doch bald passiert, gehen wir mit, auch wenn wir nun nicht auf der Liste stehen. Es gab schwedische Pakete: Wir hätten zu dritt zwei bekommen sollen, bekamen aber nur eines. Die Bestimmung lautet: ein Paket pro Familie. Was übrig bleibt, fällt der Verteilung zum Opfer; das wird schön werden. Paps' Glaube an Ehrlichkeit und Legalität ist belohnt worden; er hat über offizielle Wege erreicht, dass alle Ärzte einen Liter Diätessen pro Tag bekommen. Eine Großleistung.[44] Bisher profitierte ich von einer langsamen Darmpassage und einer gut geformten Stuhlentleerung: jetzt aber Durchfall.

Ich habe das Bedürfnis, dies alles jemanden lesen zu lassen.

HEUTE 1. MÄRZ! Und wir leben noch, obwohl der Krieg heute vorbei sein kann und es dann doch noch zu spät für Mams sein könnte. Das Essenswunder blieb natürlich wieder nicht aus. Das Pflegepersonal bekam zwei Rationen Brot geschenkt und alle Männer des Lagers ein Siebtel Paket. Heute Morgen habe ich nicht gefrühstückt, sondern bin im Bett geblieben. Durchfall sehr lästig. Multatuli[45] gelesen. Paps durch das Diätessen in alle möglichen Konflikte verwickelt. An einem Tag war es ein Liter, am Tag darauf drei Viertel Liter. Man ließ es sich nicht gefallen und protestierte. Daraufhin war es heute wieder ein Liter, obwohl mein vorsichtiger Vater gegen das Wehren gewesen war.

Ich spezialisiere mich auf das Kahlmachen von Köpfen, Ach-

---

44 Deutsch im holländischen Text.
45 Pseudonym für Eduard Douwes Dekker (1820–1887), sehr bekannter niederländischer Schriftsteller.

seln und Schamhügeln von Verlausten: eine eklige, aber faule Arbeit. Selbst bin ich so schmutzig, dass es anfängt aufzufallen und ich mich heute Abend zum Schein waschen werde.

4. MÄRZ. Nun liege ich im Bett mit eigentlich nichts außer ein bisschen Durchfall – hier aber nicht ungefährlich, weil Folge und Ursache von Erschöpfung –, weiter die üblichen Gewissensbisse. Ich werde wieder an die Arbeit gehen, heute. Gestern kam Mams – die nun ein oberes Bett hat, zusammen mit Kosta L., die sie auf ihre Winke hin bedient und ständig angeschnauzt wird –, gestern also kam Mams aus ihrem Bett hierher. Paps war damit aus medizinischen Gründen nicht einverstanden und bereitete ihr statt der erwarteten Gemütlichkeit einen accueil glacial. Mams zog weinend ab. Paps, obwohl müde, ihr schließlich hinterher. Eine Extrabelastung durch eigene Schuld. Später gab er zu, Unrecht gehabt zu haben, aber er hat sich selbst nicht mehr unter Kontrolle. Es geht uns schlecht. Es kommen immer Pakete, an denen wir keinen Anteil haben, alles ist aufgebraucht; wir sind mit Brot im Rückstand. Vorgestern kam wieder ein verlauster Fall von Erschöpfung herein. In einer halben Stunde hatte ich ihn im Waschraum kahl geschoren und ganz sauber. Es gab viel Kritik daran, denn ich riskiere, dass die Menschen eine Lungenentzündung bekommen. Seltsam, dass mich die Kritik (obwohl von einem »Mordanschlag« gesprochen wird) ganz kalt lässt. Auf die mindeste ungerechtfertigte Bemerkung über Faulheit jedoch weiß ich keine Antwort.

Strindbergs »Schwarze Fahnen« weckt (hier) nicht das geringste Interesse in mir, trotz meisterhafter Beschreibungen. Ein Kochbuch würde ich gerne lesen, so wie früher Pornographie. Kollege Hans Moser, der mir als möglicher Leser dieses Buchs durch den Kopf gegangen ist, schien anfänglich zu pflichtgetreu und eifrig. Er war aber eine angenehme Überraschung, weil er in seiner Dienstzeit im »Labor« liest. Das kompensiert das Arbeiten, wenn er keinen Dienst hat. Der Neid der Herren Doktoren auf die wenigen unter ihnen, die Pakete bekommen, ist widerwärtig. Wie groß muss derselbe sein, wenn er bei mir schon so groß ist, der nichts sagt! Das Pflegepersonal bekam unlängst zwei Rationen Brot. Daran zehren wir wieder ein paar Wochen, was darauf hinausläuft, dass wir schwer arbeiten für dasselbe Essen, wobei unsere Patienten »erschöpft« im Bett liegen und es ihnen rasch immer schlechter geht. Ich wage fast nicht zu arbeiten. Moser, trotz Ödem im Gesicht, schon. Gestern hörte ich, was ein Mädchen verdienen kann, wenn sie mit Hanke *(Chef-Kapo)* ins Bett geht: ein Kommissbrot, ein Pfund Butter, eine Wurst, eine »herrliche Mahlzeit«. Das alles jedoch nur einmal. Ich würde es tun, wenn ich ein schönes Mädchen wäre. Es wird auch eifrig getan.

5. MÄRZ. Vollständigkeitshalber: Das Schneebaum-Lager ist teilweise auf Transport gekommen; natürlich wieder die entsprechenden Gerüchte über uns. Es wird auch höchste Zeit, in Anbetracht des Zustands meiner Eltern und meiner eigenen lebhaften Gedanken an frühere Nahrungsmittel. Manchmal überfällt mich auch ein fast noch lebhafteres Heimweh nach Küche 3.

6. MÄRZ. Wie wird man es in Amsterdam aufnehmen, dass die freigebigen Vogels an Hunger verreckt sind? (Oder würde man von den reichen Vogels sprechen...) In Westerbork konnten wir uns mit einigen viel ärmeren Menschen nicht messen. Sonst hätten wir viel mehr »Gefälligkeiten« erweisen können und wären vielleicht gerettet worden? Auch knauserte Paps mit dem, was ich am Oranjekanaal kaufte,[46] statt sich Kräfte anzuessen nach der Kieferentzündung in der Strafbaracke. Verdrängungen haben uns gelähmt, schon ab dem 29. September, als Paps, telefonisch gewarnt, nicht aus seinem Bett kommen wollte und von einer »Generalprobe« sprach. Er hatte schließlich als Gepäck nichts bei sich außer ein paar Musikbüchern... Übrigens ließen wir den Kühlschrank gefüllt zurück und litten in Westerbork in der ersten Zeit Hunger. Henk schickte viel – im Verhältnis zu unseren Mitteln und zu seinen Ausgaben sehr wenig –, fand aber später keine Möglichkeit, die Paketsperre zu unterlaufen und uns hier mit Proviant zu versorgen, wie es anderen, mit keinen größeren Geldmitteln, sehr wohl gelungen ist. *(Die anderen sind inzwischen gestorben, während wir noch leben.)*

---

46 Ort des Schwarzmarkts im Lager Westerbork.

Er trägt die Hälfte der Schuld, wenn es mit uns schief geht; wir die andere Hälfte. Ich selbst tat wohl nicht alles, aber angesichts meines unpraktischen Charakters und meiner – erst im Krieg und in Zusammenhang mit der Neurose entstandenen – Feigheit doch immerhin etwas und werde dieser Tage einen letzten Versuch unternehmen. Ich rauche im Augenblick die letzte Zigarette hier. Auch gehe ich bald wieder an die Arbeit. Vorläufig keine ausführlichen Notizen mehr.

7. MÄRZ. Köln offiziell gefallen, also Aussicht auf Rettung in absehbarer Zeit? Drei Pflegern droht die Gefahr, den Saal verlassen zu müssen, in welchem Fall ich kündige, auch wenn unser gemeinschaftlicher Brief-wegen-mehr-Essen an Weiss Erfolg haben sollte. Aus der Schweiz ist Insektenpuder angekommen.

Es ist viel zu wenig; nur für Personal und Patienten. Ich bekam als Entlauser ein paar Dosen extra. Werde ich die verkaufen? Wenn nicht, dann leiden wir heute und morgen Hunger. Seltsam, alle drei werden wir nachts regelmäßig vom Hunger aufgeweckt und doch hatte ich in den letzten Nächten sexuelle Träume, die entweder etwas anderes bedeuten oder beweisen, dass relative Ruhe und die Abwesenheit von Moffen mehr zur Wiederherstellung des Sexuallebens beitragen als Nahrung. Gestern sah ich die früher schöne Frau G., aufgeschwollen und unkenntlich, die ich kahl scheren musste. Zum Weinen.

Habe gerade gehört, dass ein Fall von Flecktyphus aufgetaucht ist! Wir sind dagegen geimpft, alle drei, aber die Immunität beginnt, wenn überhaupt, erst in einigen Wochen.

(Später stellte sich heraus, dass die Geimpften mindestens so häufig Flecktyphus bekamen wie die Ungeimpften.)

10. MÄRZ. »Die Sonne blutet sich tot auf dem Mattglas.« Ich liege noch im Bett, während die Arbeit längst begonnen hat – gegenwärtig habe ich einen Sonderauftrag: Entlausung, und dadurch viel mehr Freiheit –, und denke an früher, wobei ich nur Gewissensbisse habe wegen der in der Schule »nützlich« verbrachten Zeit. Angenommen, dass ich, statt die wunderbaren Sonnenaufgänge zu sehen, die sich auf den Eisblumen im Turmzimmer des Lyzeums brachen, gefesselt an Kaegi oder Cicero,

im Ausland hätte Sprachen lernen oder in Palästina Bauer sein dürfen. Doch die Schuld liegt vornehmlich bei mir, der unglücklich war und nicht revoltierte; ich wusste nichts anderes und konnte mich nicht von dem Vorurteil lösen, dass man Abitur gemacht haben muss. So misslang der erste Versuch zum Erwachsensein; von der Psychoanalyse hängt es ab, ob der zweite gelingen wird. (Frage an den Schüler: Bei welchem Wetter wurde das geschrieben?)

Die Mitbewohner hier zeigen sich immer wieder so unsympathisch bei Ofenstreitereien oder Paket-Neid, dass ich nur L. P. nennen möchte, einen Pfleger aus Barmherzigkeit, einen pflichtgetreuen Mann, der dann auch, ebenso wie seine Schwester (dito, dito), erschöpft im Bett liegt. Ferner L. van E., Sohn einer marxistischen Berühmtheit, ein Stimmen-Narzisst, wie Paps sagt – weil er wahrscheinlich nicht »Stimmen-Onanist« sagen will. Aus allem macht dieser Jurist einen Casus, und er hält sich als Nachtpfleger für sehr wichtig. Seine Frau ist krank, was ihm nun als Mittel dient, das Weltall noch mehr um sich selbst kreisen zu lassen. *(Diese Passage über einen vortrefflichen Menschen fällt auf mich selbst zurück. Ich nehme sie aus einer Art Bußfertigkeit auf.)*

Salko H., der Arzt vom »Altersheim«, der hier mit Lagerfieber krank liegt, ist, sozial gesehen, der Wichtigste. Ein außerordentlich anständiger Mann, aber er scheint der Meinung zu sein, dass man für dasselbe Geld ein Heiliger sein könnte. Er ist ein »Tugendheld«. Er ist Vegetarier, religiös, hat ein Gefühl für »das Soziale«, während allerdings die erzväterlichen Züge überwiegen.

Ein Beispiel: Jaap M., der zur Zeit Leiter des Altersheims ist, möchte mich als Pfleger annehmen, was ich erwägenswert fand wegen des besseren Essens. Ich sprach mit einigen Herren darüber, als sich plötzlich Salko hören ließ: »Es tut mir Leid, Lode, dich enttäuschen zu müssen, aber ich würde mich dagegen stellen müssen, dass man bei uns Personal vom Krankenhaus annimmt. Wenn Saar K. *(meine Chefin)* nichts dagegen hat, ändert das die Sache natürlich.« Obwohl man ihn nun von allen Seiten angriff, blieb er blind gegenüber der Einsicht, dass das Wohlergehen des Personals eine ebenso wichtige Angelegenheit ist wie die Solidarität der Leitungen... Soll Saar K. für besseres Essen sorgen, so wie Salko es für seine eigenen Leute getan hat, und das Problem verschwindet. Aber der Erzvater in ihm ist nicht zu überzeugen. (Verrückt, dass das Führen eines Tagebuchs mich genau die Zeit kostet, in der ich dafür Stoff sammeln könnte.)

Gestern schor ich zwei Frauen mit Kopfläusen kahl und verdiente eineinhalb Rationen Brot. (Der offizielle Friseur verlangt für diese Operation ein Kilo Zucker, also siebenmal so viel.) Außerdem verkaufte ich eine Dose von meinem persönlichen Entlausungspulver für dreimal Abendsuppe und gab eine ab. Ich fühlte mich sehr, sehr schlecht, bis ich merkte, dass alle ganz frech Dosen klauen. Soeben kam Hamo und sagte: »Ich arbeite mich tot, ich kann nicht mehr und du liegst im Bett.« Es tut mir Leid, aber sechs Stunden arbeiten mit leerem Magen ist mein Maximum.

10. MÄRZ. – Ein paar Stunden später, nachdem ich zu viel heiße Flüssigkeit zu mir genommen hatte, fühlte ich mich fiebrig und maß 38,7. Ich teilte das den Kollegen mit, die mir offensichtlich nicht glaubten, und ging wieder ins Bett. Die Temperatur stieg auf 39,5 um sechs Uhr und sank nach zwei Aspirin auf heute Morgen 36,8. Nun bin ich wieder ein bisschen fiebrig.

X. hat von allen Ärzten hier die meisten Nebeneinnahmen, weil er nicht bettelt, eine hervorragende bed-side-manner[47] hat und dadurch alle Küchen- und Magazin-Patienten. (Heute Morgen durfte er im Magazin das Personal spritzen.) Vorhin begann er damit, dass mit dem Insektenpulver schon Handel getrieben würde und dass ein Arzt – dessen Namen er aus Mangel an Beweisen nicht nennen wolle – es verkaufe. Ich hatte sofort das Gefühl, dass er mich meine und dass nicht nur er allein davon wusste, sondern alle. Zu Unrecht natürlich. *(Ich hatte ein Jahr, bis 1941, Medizin studiert. Von Läusen und den Krankheiten, die sie übertragen, wusste ich noch alles aus der Parasitologie.)* Arons sagte, dass ich nicht zu lange krank bleiben dürfe, weil man mich als »Läusekönig« brauche. Ich bin die Beruhigung für ihr Ge-

---

47 Verhalten eines Arztes gegenüber bettlägerigen Kranken.

wissen: »Es wird was dagegen unternommen.« Das Einzige, was ich wirklich tat, war vorzuschlagen, dass man verlauste Decken aus dem Verkehr ziehen solle, um sie nach einem Monat allmählich wieder zu benutzen. Später brauchen die Leute auch weniger Decken, und dann würden wir erst anfangen zu entlausen. Aber ich suche eine andere Arbeit.

12. MÄRZ. Gestern objektiv kein Fieber, fühlte mich sehr schlapp und schwindlig, als ich kurz aufstand. Heute kein Frühstück. Kurz Hunger, der gleich nach einer unangenehmen Zwangsvorstellung verschwand: Penis, zubereitet als Frankfurter Würstchen. Ein Patient im Saal, ansonsten normal, hat starke Halluzinationen. Er meint, Kommissbrot zu haben, verkauft dieses an seinen Nachbarn, merkt mittendrin, dass er sich irrt... Wir sind drei Tage mit Brot im Rückstand, also ab morgen Stunk für drei Tage. L. ist tot. Der unnahbare Stationsarzt von Westerbork, hier wegen Verkauf von Medikamenten entlassen (Salko H. ist sein Nachfolger), danach ein Sohn bei wiederholtem Brotdiebstahl erwischt; die Mutter gestorben; Vater und Sohn nebeneinander hier im Saal; der Sohn gestorben (Erschöpfung, die im Nachhinein seine Diebstähle mehr oder weniger entschuldigt), Vater in guter Genesung; plötzlich Hirnödem und tot. Es bleibt ein Sohn übrig, der einzige Normale aus der Familie. Eine unnötige Tragödie.
(Alle Brotdiebe sind gestorben. Auch alle geistig Behinderten – anscheinend hatten sie weniger Widerstandskraft.)
Die Ernährung des Krankenhauspersonals wird etwas besser. Schopenhauer ist die allersympathischste Literatur; wie kann ein vernünftiger Mensch ihn übertrieben misanthropisch finden? Es ist doch so, wie er es in seinen Aphorismen beschreibt! Ich habe trotzdem zwei Zigaretten geraucht und erwarte das Unheil, das ich verdiene.

13. MÄRZ. Gestern machte X., mein Nachbar von oben, eine Bemerkung über Brotkaufen für Läusepulver, die an mich gerichtet zu sein schien. Ferner fragte Hamo, der mich mit Stiefeln in der Baracke sah, offensichtlich um sie zu verkaufen, ob die Stiefel mir gehörten. Ich erklärte ihm nicht, dass sie von jemandem wa-

ren, der ohne Erben gestorben war, und dass wir für einen Tag gerettet sind, weil sie ein halbes Brot eingebracht haben... (Der Königsweg zu all meinen Geheimnissen stand ihm offen, denn ich bot ihm die Lektüre dieses Tagebuchs an. Er machte bisher noch keinen Gebrauch davon.) Paps verkaufte, auch für drei Rationen, einen Apparat, um Rasiermesser zu schleifen. Außerdem haben wir noch Briefpapier zum Tauschen, für den Rest des Tages.

So wie früher die erotischen Träume haben die gegenwärtigen Essensträume einen »Knick« weg, der eine Hemmung verrät. Es bleibt bei Vorlust, so wie früher. Ich esse von den herrlichsten Speisen, solange sie zubereitet werden, aber am Tisch nehme ich ebenso wenig Platz, wie es früher in meinen Träumen zu einem Koitus lege artis kam. (Ich werde verrückt von der ewigen Debatte der Herren Doktoren darüber, ob man Nebeneinnahmen annehmen dürfe oder nicht.) Das Personal, das am Samstag gearbeitet hat, bekam Brot. Ich, der ich krank war, also nichts. Saar K. versprach, dass ich bei der nächsten Austeilung als Nr. 1 an die Reihe käme, aber das kann ich mir in den Kamin schreiben. Saar K. nutzt es aus, dass fast jedes Mitglied des Personals eine schwache Stelle hat, analog zu meinem Hier-Wohnen. Sie ist ein Mistweib. Allalouf ist zur Infektionsbaracke gebracht worden, Verdacht auf ... Flecktyphus. In der Baracke, in der ich vor dem Umzug wohnte und die an unser heutiges Lager grenzt, ist ein Transport angekommen von Westerbork-Theresienstadt-Auschwitz-Irrfahrern hierher. Dies ist das schlechteste Lager! Ob Jenny wohl dabei ist?

Es ist zum Totlachen, dieses lächerliche Kerlchen, verwöhntes Reicheleutebübchen, das sich vom Leben treiben ließ, ohne etwas von der Gegenwart oder der Zukunft zu begreifen, ohne andere Ideale als sehr vage, äußerst narzisstische. Nun wird dieses Elektron aus seiner Bahn geworfen, der Lauf zerstört, der Freundeskreis fällt auseinander und es geht bergab, bergab, bergab. Das Kind lebt nun schon ein Jahr in einem »sehr unerfreulichen Konzentrationslager« und verreckt, zusammen mit Papi und Mami, vor Hunger. Nun denkt es über seine glückliche Jugend nach und vergisst, dass diese Jugend durch Einfältigkeit, vermischt mit wirren Erwartungen, ein schlechtes Zeugnis von ihm ablegt. Die Zukunft wird nur in Termini von Kochkunst gedacht.

Nun, ich bin neugierig, ob Dr. X. die Wahrheit erfahren oder falsche Gegebenheiten richtig interpretiert hat.

Ihn mit Flap zu vergleichen, stellte sich im Nachhinein als Sakrileg heraus: Sprach er, der gute Bürger, gestern nicht darüber, dass die W.'s »in die teuersten Nachtclubs von Amsterdam gingen (Paps fragte trocken: »Gibt es die denn?«) und an einem Abend oft eine Rechnung von mehreren hundert Gulden gemacht haben«. Bei W.'s kann er übrigens eine Dose Neocid gesehen und angenommen haben, ich hätte es ihnen verkauft; er weiß nicht, dass ich sie kenne und mir gerne verpflichte.

14. MÄRZ. Ich sah im Waschraum Paps über dem WC hängen. Es fiel mir auf, noch bevor ich ihn erkannte, dass er Oberschenkel hatte, so dünn wie der schlimmste Erschöpfungspatient. Gestern an die Arbeit gegangen und ziemlich viele entlaust. Ich bin selbst wieder voller Läuse. Bin jetzt hier in Verpflegung und brauche nicht mehr zur Baracke, um Essen zu holen. Werde regelmäßig von ängstlichen Spannungen gequält – wie früher vor Prüfungen –, ob ich es lebend überstehen werde. Es ärgert mich zu überlegen (Angst vor dem »schablonenhaften Reagieren«), dass jedes aufrechte Kriegstagebuch die gleichen Gefühle enthalten wird. Ich wollte so gerne etwas Besonderes sein und habe vielleicht nicht mehr viel Zeit.

Luza hat es geschafft, die Verteilung von Extra-Essen in die Hände zu bekommen; anhand alter Listen, die nun verfallen, ließ sich eine enorme Korruption feststellen. Man wird ihn wohl bald wieder absetzen, es sei denn, er spielt mit. Paps' Hunger ist nun so groß, dass es ihn Mühe kostet, von seinem Diätessen etwas abzugeben. Es ist auch Unsinn – schließlich wird den Ärzten das Essen gegeben, damit sie arbeiten können. Kahlscher-Patienten, die bezahlen, habe ich nicht mehr gehabt, trotz der rührenden Dankbarkeit der ersten beiden.

15. MÄRZ. Vor einem Jahr aus Westerbork weggekommen. Als wir in dieses Lager kamen, glaubten wir nicht, es so lange aushalten zu können, und unsere einzige Hoffnung war, genau wie

jetzt, dass der Krieg in ein paar Monaten vorbei sein würde. Ach, man hat den Rhein überquert, und die Front kommt immer näher an Berlin, und die Invasion hat wirklich stattgefunden.

Als wir eines Abends aus der Küche 3 nach Hause kamen, bei dem geisterhaften Licht der meterhohen roten Flammen aus dem Schornstein des Krematoriums – übrigens trotz aller Schaurigkeit eine ästhetische Wahrnehmung –, sahen wir Lastwagen vor dem Magazin stehen, die mit Kühen, Schafen oder Schweinen beladen zu sein schienen. Ich, naiv, fragte mehrere Male, was es für Tiere seien, die so brüllten, bis jemand sagte: Es sind Menschen. Die Autos setzten sich in Bewegung zum Krematorium und kamen später zurück, still. In der Ferne hörte man Menschen schreien. Ich weiß nicht, was genau geschehen ist und ob es war, was es schien. Der schwarze, hohe Schornstein des Krematoriums, auf den irgendein Häftling, vielleicht heimlich, ein unauffälliges Kruzifix gemalt hat und aus dem tagsüber Rauch und nachts Flammen kommen, ist der zentrale Gegenstand in Hamos Visionen nach der Gehirnerschütterung, die ihm im Stubben-Kommando geschlagen worden war.

Jules S., im Brotkommando einen Tag lang mein Vorarbeiter, ist nach einigen Tagen Lagerfieber nicht mehr zu erkennen. Je besser ernährt, um so schlimmer das Krankheitsbild derjenigen, die Lagerfieber-Paratyphus bekommen, es ähnelt dem von Kompaan damals. Ob sie es auch öfter bekommen, wie behauptet wird, scheint mir fraglich. Es frappiert einfach mehr, dass ein bis dahin robuster Mensch grün und eingefallen im Delirium liegt, als wenn ein Erschöpfter auf einmal hohes Fieber bekommt. Ich höre gerade, wie der deutsche Sanitäter eine Bemerkung über mein Läusedecken-Depot macht, ich hoffe, dass es weg ist, wenn ich aufstehe, denn das Quarantänebad wird wieder für uns arbeiten und die Idee ist überflüssig geworden. Mir fehlt es an Energie, um zu hören, ob Jenny jetzt nebenan ist. Sogar Kosta habe ich nicht gefragt, dessen Schwester da ist. Zu einem Gespräch über einen Arzt, der auf ungehörige Art bettelt und mit den Worten: »Er ist demoralisiert« verteidigt wird, muss ich sagen, dass ich mich nur schuldig fühle bei jedem Bissen, den ich auf Kosten meiner Eltern esse (obwohl ich theoretisch ihre Opfer annehmen kann), und ansonsten hemmungslos alles tun würde, um etwas zu essen zu bekommen, sofern es kein Verrat ist. Siehe Neocid. Von heute Nacht spukt mir dauernd eine makabre Melodie durch den Kopf, im Rhythmus des Herzschlags, die ich nicht pfeifen oder singen konnte. Dasselbe vor einem Jahr, nach Jennys Weggehen. Vorbote von Unheil.

Barackenleiterin O., deren Mann hier liegt, finde ich schön und charmant. Alle halten sie für ein Biest und eine Hure, aber sie hilft mir, meinen Geschlechtstrieb wieder zu finden, so wie man auf der Straße einen Freund zu sehen meint, von dem man vorübergehend vergisst, dass er tot ist. Vielleicht lerne ich sie besser kennen und der tote Freund erwacht zum Leben, wenn der Ehepartner stirbt.

16. MÄRZ. Jenny ist das letzte Mal in Auschwitz gesehen worden, in der Weberei, wo es ihr gut ging.

Es tut mir Leid, dass ich hier, außer meinen Eltern, keine Freunde habe. Malraux scheint ein Buch geschrieben zu haben, das in deutschen Konzentrationslagern spielt und in dem interessante Überlegungen angestellt werden über Kameradschaft und so weiter. Ich würde dieses Buch leidenschaftlich gerne lesen. Jedenfalls kenne ich keinen größeren Unterschied als zwischen der Art Kyos, den Martertod zu erwarten, und unserer Art, auf den Hungertod zu warten. Es liegt natürlich an den Umständen (Erschöpfung macht einen minderwertigen Menschen aus dir, ich sehe es an mir selbst), aber auch an der Minderwertigkeit des (auf diese Art ausgesuchten) Menschenmaterials. Es gibt keine weniger nette Gruppe Juden als die Amsterdamer, es sei denn die griechischen oder albanischen. Die guten und energischen deutschen Juden sind weiter emigriert, daher haben wir also eine negative Auslese.

Bei den Ungarn nebenan und bei den Frauen im Russenlager ist die Stimmung ganz anders. (Obwohl auch nicht sympathisch, sind sie weniger bürgerlich-weinerlich.) Vor einem Jahr schauten Mams und ich einander an: Wir sitzen in der Falle. Widerwärtiger Steckrübengeruch erfüllte die Luft. (Ich würde viel für einen Teller Suppe von damals geben, in der noch Fett enthalten war und ein bisschen Fleisch und Kartoffeln. Seit einem Jahr haben wir kein Obst, kein Ei, keine Butter gesehen. Es herrscht Flecktyphus, alle haben Läuse, und wir leben noch. In vielen großen Städten Europas ist das Joch schon abgeschüttelt, und die neue Zeit hat begonnen. Man hat den Rhein überquert; fortwährend wird bombardiert, genau wie im letzten Jahr.) Die Todesangst dauerte von damals bis in diesen Sommer und hebt nun wieder das Haupt. Ich kann fast nicht mehr arbeiten, die Beine geben nach, und ich sehe keine Chance, aus dem Griff dieses Krankenhauses zu entkommen.

Das Leckerste, was ich mir vorstellen kann, ist ein Teller Gerstensuppe – früher nie gegessen –, ein frisches Butterbrot mit Erdnussmus, ein Zwieback mit Schokoladenstreusel. Meinen Phantasien fehlt jegliches Raffinement.

Die tägliche Wirklichkeit: 250 g Brot, sauer, altbacken, meist trocken und trotzdem herrlich. 1 (2/3) l Steckrüben, in Wasser gekocht, manchmal sogar ohne Salz. Viermal in der Woche, auch abends, eine Suppe aus Steckrüben oder Mehl oder Brot; die Anzahl der Kalorien, die man damit maximal bekommt, ist auf tausend berechnet, vor der letzten Brotkürzung. Brotbelag ist plus-minus nihil.

18. MÄRZ. Morgen hat Mams Geburtstag, weiß noch kein Geschenk für sie. Nachdem sie vergeblich ihren Mut zusammengenommen hatte und zu Hanke gegangen war – dieser fragte: Ist es wegen Essen? und Mams war so verwirrt, dass sie ja sagte, woraufhin er sie an Weiss verwies –, hat sie ihren letzten Besitz verkauft: ein paar gute Schuhe, so dass wir (wenn man bezahlt) Brot gut haben. Es sind Pakete freigegeben worden, so dass wir, auch wenn wir nicht auf der Liste stehen, doch etwas bekommen, und gerade darum ist es gut, mit Brot nicht im Rückstand zu sein. Der Kurs von Brot steigt. Mams hat ein bisschen erhöhte Temperatur. Ich arbeitete gestern privat und wurde mit einem Stück Brot und einem Stück Zucker abgespeist. Zwei junge Leute sind gestorben, Jules S. und Bob K. Das Essen ist etwas besser in den letzten Tagen. Eine Kommission ist hier. Eine allgemeine Entlausung, auch von diesem Lager, steht bevor. Es kann nicht anders als misslingen. Niemand kann Gepäck tragen, so dass das verlauste Zeug in der Baracke bleibt.

20. MÄRZ. Mams' gestriger Geburtstag ist besser ausgefallen als der vor einem Jahr. Damals waren wir von einer Art erstickender Angst gepackt gewesen. Mit den W.'s, die uns, obwohl wohlhabend geworden, gestern im Stich ließen, teilten wir unsere letzte Sardinendose, aber wir kamen nicht über die Verzweiflung hinweg. Gestern war Mams jedoch zum ersten Mal fieberfrei, alle Nachbarn hatten ihr etwas geschenkt, und jeder im ganzen Lager bekam ein Päckchen aus Schweden. Paps hatte im letzten Augenblick ein Geschenk gefunden: ein wertloses Schmuckstück, für das er nach dem Krieg zwei echte Schmuckstücke geben muss, eines an Mams und eines an Frau L., die es abgetreten hat (auch wenn sie nichts dafür haben wollte).

Ich habe mir den Magen verdorben. »Ich stoße auf nach faulen Eiern«, sagte ein Moffenjunge in der Küche. Die Verfressenheit äußert sich so, dass man, obwohl längst gesättigt, nicht mit Essen aufhören kann. Es scheint, als ob die Langeweile die Rolle des Hungers übernimmt. Sogar mit verdorbenem Magen denke ich an Essen. (Gibt es vielleicht eine physiologische Begründung in den Geweben, die nach Nahrung verlangen?)

In der Küche war es genauso, da verhielt ich mich genauso eigenartig. Die anderen, seit langem gut ernährt, verachteten mich deshalb.

Der Krieg scheint nun jeden Tag aufhören zu können. Gestern fragte mich Jaap M. wieder, ob ich Lust hätte aufs Altersheim. Ich tue es nicht.

Einer der größten Talmudkenner, M., liegt im Sterben. Ich hoffe nur deshalb, dass er am Leben bleibt, weil sonst ein anderer, der es jetzt noch nicht ist, einer der größten Talmudkenner werden wird, was ich auch diesem Mann nicht gönne. Dieser hier ist verrückt, will »so gelegt werden, dass er schlafen kann«, rollt sich danach aber aus dem Bett. Es ist seine göttliche Strafe, weil er ein gutes Buch (Voltaire) als Klopapier benutzt. Man bedenke, dass diese frommen Heuchler ein jüdisches Buch küssen, wenn es auf den Boden fällt. Das Schreiben geht mir heute schlecht von der Hand, ich mache mich lieber an die Arbeit. Der ganze Saal hat Durchfall.

21. März. Schönes Frühlingswetter. Gestern eineinhalb Stunden gearbeitet an einem Patienten und dafür noch einen schändlich großen Nebenverdienst angenommen. Wie lange wird das gut gehen? Ich werde langsam ein Nebenverdienstjäger und spüre, so sehr ich auch danach suche, kein bewusstes Gewissen mehr! Nur die Angst, an den Pranger gestellt zu werden, hält mich von ernsthaften Delikten zurück. (Wer auch diese Angst nicht kennt, läuft keine Gefahr mehr, sich zu verraten, und kommt in einem Lager zu Macht und Ansehen.)

Der Chefarzt hatte eine besonders schlechte Idee. Die Deutschen haben ein kleines bisschen Flecktyphusserum zur Verfügung gestellt und nun hat er bestimmt, dass vorläufig nur eine Injektion gegeben wird. Auch dann ist es nur so wenig, dass man lediglich einem Viertel der Menschen helfen kann. Die Folge: medizinisch gesehen Null (der Nutzen dieser Injektion ist sogar dann problematisch, wenn man dreimal spritzt) und moralisch gesehen eine Art Panik. Ich möchte aber in der Baracke sein, wenn die Spritzungen stattfinden, es wird eine »Sensation«. Kommt später mehr Serum, wie versprochen, kann man entweder die gleichen Leute noch einmal spritzen oder andere. Der Volkszorn wird sie zu Letzterem zwingen. Dabei ist Flecktyphus eine wirkliche Gefahr. Rau selbst soll daran leiden. Nun schmeckt auch Paps verfaulte Eier. Mams geht es etwas besser.

22. März. Großer Streit mit Paps; er hat einen verdorbenen Magen und ein unverdorbenes Gewissen. Im Magazin sind Männer angenommen worden, um für die Kartoffeln zu sorgen: alle Kartoffeln sollen im Magazin geraspelt werden. Eine Art Schälküchenarbeit also... Ich habe mit dem Krankenhaus bestimmt auf das falsche Pferd gesetzt.

Mehrere Patienten, die ich versorgt hatte, hatten nach ein paar Tagen wieder Läuse. Ich verstehe nicht, wie.

Salko H. verblüfft die Bourgeois hier mit allerlei Auffassungen, die die Antwort hervorlocken: »Wirklich, Salko, du bist ein echter Idealist, aber du wirst schon irgendwann vernünftig werden.« Gestern erklärte er, dass er nach dem, was er hier mitgemacht habe, nie mehr den Mut haben würde, Personal zu halten und anderen seinen Willen aufzuzwingen. Er tanzt nicht, raucht nicht, trinkt nicht, hat einen Ekel vor Fleisch, trat das Erbe seines Vaters nicht an, will Bauer werden im »Erez«[48]. Paps' Kommentar: Dieser Tannhäuser wird seinen Venusberg schon noch finden. Eine große Vorliebe für Jazz kontrastiert nur auf dem Papier mit diesem Bild. Mams, die sich gestern Arbeit gemacht hat, indem sie auf einem Elektrogerät kochte, hatte heute morgen 38,5. Heute ist der dritte Tag, dass es kein Brot im Lager gibt; wir haben das Sanovit schon aufgegessen und von unserem Vorrat den größten Teil.

23. MÄRZ. Zwei Tage Frühlingswetter haben das ganze Lager verwandelt. Bei den Häftlingen nebenan sieht man sogar welche, die ein Sonnenbad nehmen. Die Männer, die ordentlich in Fünferreihen nackt in der Sonne lagen, erwiesen sich bei näherem Hinsehen jedoch als Leichen, die noch beim heutigen Appell mitzählen. Ich befinde mich auf der anderen Seite unseres Lagers und blicke auf das Ungarnlager hinüber, wo in großen Autos Gepäck und Decken desinfiziert werden. Frauen kleiden sich schon besser, man sieht viele Menschen Bettwäsche hinausschleppen, um sie zu kontrollieren. Die Sonne wird noch viele retten. Wie lange dauert dieser Krieg noch...

25. MÄRZ. Wieder Austausch-Gerüchte: Ein Teil in die Schweiz, ein Teil nach Schweden, die nach dem Stempel »Einhundertzwanzigtausend« genannte Gruppe nach ... Theresienstadt (seit langem evakuiert, also ein Euphemismus für Konzentrationslager), sagte Hanke, der schon früher geschwafelt hatte.

Gestern war der Entlausungs-Desinfektionswagen hier, und wir fügten den Scheißläusen einen schweren Schlag zu. Meine Arbeit wird hier höher eingeschätzt, als sie wert ist. Hier, denn als ich gestern Weiss auf der Straße ansprach – ich hatte nicht gehört, wie er vor mir alle anderen angeschnauzt hatte –, schnauzte er mich auf eine sehr unhöfliche Weise so hasserfüllt an, dass es Grund genug wäre, die Flinte ins Korn zu werfen.

---

48 Gemeint ist Erez Israel: Land Israel. Das war die Bezeichnung der in der Diaspora lebenden Juden für die verlorene Heimat.

Fünf Tage arbeite ich schon ohne Brot; das Erbsensuppenpulver aus unseren Päckchen ist fast alle. Inzwischen kam das Mittagessen und ist auch schon aufgegessen: 9 Uhr morgens. Heute kommt nichts mehr.

Wer um diese Zeit in die Spiegelstraat einbiegt, sieht die obere Hälfte der Häuser von der Prinsengracht in hellem Sonnenlicht, und geht er weiter, läuft er sogar im Dunkeln, sieht aber Sonne und blauen Himmel; oben Venedig, unten: sein Amsterdam. Zu jedem Wetter gehört eine bestimmte Art Nostalgie.

Die sinusförmig verlaufenden Luftschutzgräben, an denen ich mir im letzten Jahr ein Testikelödem gearbeitet habe, sind nun fast alle mit Abfall zugeworfen. In dem, was noch übrig ist, suchen Frauen und Kinder, die Erbsensuppe auf einem Feuer aus gestohlenen Pritschenbrettern kochen, Schutz vor den Razzien der Kapos. Ein hübscher Anblick, vor allem gegen Abend. Auch Mams kam heute Morgen früh aus dem Bett und lässt ihr verschimmeltes Gepäck symbolisch in der Sonne trocknen.

Montag, 26. März. Gestern kam eine Ration Brot, Butter und Wurst. Ich ging zu Weiss, um mich zu entschuldigen, und man versprach mir für heute Morgen Mehl.

Heute Nacht wahnsinniger Hunger und Träume von Essen. Mehr noch als an Essen denke ich an und träume von Amsterdam. Hier müsste man Dichter sein. Das Einzige, was hier wirklich mit mir passiert, ist das subtile Spiel von Stimmungen, die in Prosa nicht wiederzugeben sind. Wie gerne würde ich in Blaricum in einer Kneipe sitzen und Charles von Mechanicus erzählen: Diese beiden waren Freunde.

Gestern nahm ich heimlich einen Schluck aus dem Cardiazol-Fläschchen. Ich wurde nicht aktiv, aber in einer Art Erstarrung an meinem Bett stehend, erlebte ich, wie die Gedanken schneller im selben Kreis liefen, rannten, jagten. Keine Medizin also gegen Oblomowismus. Dieses Tagebuch, mit Wanzenscheiße verziert, wird ein würdiges Pendant eines Bettelbriefs von Eric W., unterzeichnet mit totgedrückten Wanzen. Dieser hatte einen Sohn, der bei Kompaan in der Etage schlief, als dieser noch in der Nieuwe Keizersgracht wohnte. In W. juniors Zimmer herrschte ein solches Chaos, dass Kompaan dies gerne Fremden, durch einen Besuch unter einem Vorwand bei dem jugendlichen Psychopathen demonstrierte. Der Clou der Demonstration war, dass W. über seine Arbeit zu sprechen begann: Er studierte an einem pädagogischen Institut... Eines ist sicher: Nach dem Krieg gehöre ich nicht mehr zu dieser so genannten Bourgeoisie. Mams hatte nach einem äußerst ermüdenden Tag (sie hatte ein herrliches Diner für uns gemacht, allerdings von dem Format, wie es von kleinen Mädchen in der Puppenküche gekocht wird) wieder 38. Hier an die Reihe beim Ofen oder dem elektrischen Gerät zu kommen, verlangt Kampf gegen verschiedene, vom Hunger angestachelte Xanthippen. Den ganzen Tag gibt es lauten Streit darüber, zum Amüsement und zur Erbauung der Patienten im Saal, die alles hören.

26. MÄRZ. Dass Mams ihre Aktivitäten gestern Abend mehr oder weniger aufgab und dass sie nach Hause ging mit der Bemerkung: »Ich bin neugierig, wann ich wieder hierher zurückkomme«, hat seinen Grund in der Enttäuschung, die einer frohen Erwartung folgte.

Mös war gestern hier und befragte die Ärzte über den Gesundheitszustand. Diese, auf einen Wink von Hanke und Weiss, die selbst den schlechten Zustand betonten, sprachen die Wahrheit, erklärten, dass es sechzig Fälle von Typhus gibt, vierzig Typhusverdächtige und so weiter. Der Transport, der uns bevorstand, war also kein Vorteil, jedenfalls nach dem Urteil von Weiss und Hanke nicht. Letzterem ist aber nicht zu trauen, es ist also die Frage, ob die Ärzte gut daran taten, den Zustand hier so schlecht und den der Ungarn nebenan so günstig darzustellen. Es ist noch keine sieben Uhr. Gestern machte ich Überstunden, indem ich Decken und Kram vom Dampfdruckauto herunterholte; ich nahm alles mit, was noch verstreut auf dem Boden lag, man kann es sich hier abholen.

X. (einer von Mös' Ärzten) gab mir neun Coffein-Coramin-Strychnin-Tabletten. Eine davon macht mich nun aktiv und zum Frühaufsteher. In normalen Zeiten würde ich nun einen Lauf über die Felder machen, so wie ich es mir in den letzten Monaten angewöhnt hatte. Das ist auch der Grund für meine Faulheit hier, außer der üblichen Kalorien-Hypochondrie, dass es für Aktivität keinen Ausweg gibt außer unangenehmer Arbeit, für die einem niemand Dankeschön sagt. *(Typische weitschweifige Sprache nach dem Gebrauch von Weckaminen!)*

Wenn es zu einer Verlegung des Lagers kommen sollte, gesetzt der Fall, dass von uns dreien ich es lebend schaffe, wird es ein schweres Stück Arbeit sein, dieses Tagebuch zu retten.

Jerry W. gab mir gestern Zigaretten, die ich gegen eine Ration Brot tauschte, da ich von meinem nicht die Finger lassen konnte. Er war nicht begeistert von Transportchancen (X. hatte noch nicht seinen Bericht gemacht), weil er in allen Lagern – besser: in allen Käfigen dieses Tiergartens – seine Günstlinge hatte und die nicht gerne im Stich ließ. Er erzählte auch, wie tatsächlich Transportschwierigkeiten die Ursache des schlechten Ernährungszustandes hier seien. Möller will uns so gut wie möglich ernähren.

Ein Rothschild ist tot, einer ist todkrank; es ist hier offensichtlich kein Ort für Rothschilds...

28. MÄRZ. Es ist so weit. Eine beachtlich große Anzahl von Flecktyphus-Patienten kam zutage, als bewanderte Häftlingsärzte alle Verdächtigen kontrollierten. Die Albaner-Baracke hatte besonders viele Fälle, sie wurde daher als Ganzes isoliert, und alle Verdächtigen kommen hin. Mein unterer Nachbar K. ist als Arzt hingegangen. Aus Heroismus? Oder liegt es daran, dass ihm Extra-Essen versprochen wurde? Nur Dr. X. ist energisch und effizient.

Gestern entdeckte ich durch Zufall, dass die Entlausung der Albaner-Baracke – das Dampfdruckauto war zurückgekommen, und ich benutzte es für die Habseligkeiten einer verlausten Neuaufnahme – nicht effizient gewesen war: Die Läuse hatten die Erhitzung überlebt. Ich sorgte gegen viel Laschheit dafür, dass es Hanke gemeldet wurde. Wenn man heute nicht alles noch einmal macht, wird X. es dem Oberstabsarzt melden.

Ich las »A Farewell to Arms«, diesmal anfänglich mit den Augen eines Schreibenden, die herrliche Beherrschung des Handwerks genießend, später packte mich der Inhalt wieder so, dass ich bis spät in der Nacht weiterlas. Mams gestern Abend 39. Die

Nieren sind, wie sich herausstellte, doch in Ordnung, Gott sei Dank. Ist Sterben an Flecktyphus besser als an Hunger? Wird der Heroismus wieder aufleben, in irgendeiner Form?

31. MÄRZ. Gestern Silberhochzeit der Eltern. Ich war bei Hanke gewesen und hatte – unglaublich schöne Beute – ein ganzes Kommissbrot bekommen. Es war ein trister Regentag, und trotz des Kommissbrots und aller Versicherungen des Gegenteils hatten wir Hunger. Jetzt kommt nur Brot an Tagen ohne Suppe, also zwei- oder dreimal die Woche. Es lief also darauf hinaus, dass wir nicht, wie andere, zu kurz kamen. Wie man damit weiter arbeiten kann? Gestern fiel das erste Opfer der Epidemie, die damit offiziell begonnen hat. Wahnsinnige Stacheldrahtabsperrungen machen einen Irrgarten aus unserem Lager. Nur gegen die Läuse (vor allem das Altersheim ist total verlaust) wird nichts getan. (Man kann nichts verlangen von Menschen, die so schlecht ernährt werden.) Ich hatte Angst, nun da zwei Kollegen hier wohnen, dass es mit meinem langen Ausschlafen aus wäre. Zum Glück fängt einer von ihnen auch schon an, faul zu werden. Der andere wird wohl krank.

Wenn ich Hemingway lese, meine ich, wieder unter meinen Freunden zu sein. Angenommen, dass ich ein Tagebuch schreiben könnte, das so überwiegend aus Dialogen besteht wie »Farewell to Arms« ..., aber das hätte wohl auch Hemingway, der später an seiner eigenen Technik zu Grunde ging, nicht gekonnt.

Ich entdeckte vor vier Wochen im Hemd eines verlausten Patienten, das ich ihm vom Körper schnitt und wegwarf, eine goldene Nadel mit Brillanten, und vor einer Woche erinnerte ich mich daran und fragte den Patienten, ob er die Nadel verkaufen wolle. In den letzten Tagen war ich in Verhandlungen über Dutzende von Kommissbroten verwickelt, ohne selbst ein Stück Brot zu besitzen. Dadurch, dass das Lager in Quarantäne ist, klappt die Sache nicht, wie ich schon gedacht hatte. Luza hat die so genannte Dauerliste geknackt, mit dem Resultat, dass das Krankenhauspersonal in Zukunft oft Milch bekommen wird.

Ich hatte den Urin nicht zurückhalten können, und als ich mit nasser Hose den Stacheldraht der Häftlinge entlangstolperte, hinter dem elende Gestalten herumhumpelten oder schon tot da lagen, fühlte ich mich wie einer von ihnen. So wird es auch mit uns gehen, vielleicht ist Fleckfieber dann noch besser.

1. April. Gestern bekam man statt Brot eine Kohlrübe. Meine Transaktions-Hoffnung loderte gestern auf, verschwand ganz und regte sich noch einmal. Nun scheint sich ein anderer Weg zu zeigen. Inzwischen gab es gestern eine Debatte über Läusebekämpfung, bei der Defätismus und Laisser-aller den Ton angaben. Wird irgendetwas aus einer speziellen Läusebekämpfung, dann werde ich das viel lieber tun, als mich hier als Läusespezialist mit einer Stunde Arbeit am Tag zu drücken. Man sollte die Läusebekämpfer jedoch nicht ohne Frühstück an die Arbeit schicken. Das schönste Argument gegen die Läusebekämpfung kam von Dr. Elte: »Die Mortalität von Fleckfieber ist hier halb so schlimm...« Mams keine Temperatur mehr, aber Schmerzen im Rücken: Der Urin war zum Glück in Ordnung. Sehr viel unglaubwürdige Kriegsgerüchte: Paderborn ist aus der Luft genommen. Erratum: angegriffen worden.

Was haben sie lecker in »Farewell to Arms« gegessen ... Käse und Nudeln und Choucroute und Schinken-und-Eier. Trotzdem fand er es offenbar der Mühe wert, es anzugeben, was es auch war. *(Später stellte sich heraus, dass Hemingway, als er das schrieb, so arm war, dass er sich kaum trockenes Brot leisten konnte.)*

Schon wieder einer der von mir Entlausten, der alte Klerk, heute Nacht gestorben. Ich verliere dadurch für nach dem Krieg ein »lecker fettes Essen und einen kräftigen Schnaps«. Wären alle meine Patienten am Leben geblieben, könnte ich mit Herzverfettung und Delirium rechnen. Hunger, Hunger, Hunger. Ich schlug Paps vor, das Diätessen, wenn es kein Brot gibt, in drei Teile zu teilen. Er war nicht dafür, sagte zu Recht, dass ich doch mehr bekomme von allem. Vielleicht dadurch, dass meine Blase gereizt ist (sechsmal per Nacht Wasser lassen), hebt auch das Geschlechtsleben – im buchstäblichen Sinn – ein bisschen den Kopf. Ich würde nicht gerne als Eunuche sterben, also begrüße ich diese neue Tatsache.

Ich organisierte ein rotes Polohemd, wie Daan Sajet eines hatte, und trage es gern. Flap ist von allen Bekannten der einzige, mit dem ich nach dem Krieg noch ein wenig plaudern kann: Er kennt das Lagerleben. An der Leiche eines Mannes, heute Nacht in der Baracke 33 gestorben, fehlten heute Morgen die Augäpfel. Im Häftlingslager kann man nun eine lange Reihe nackter Leichen liegen sehen. So suggestiv, dass ich sie gegen das raue Wetter mit Lagerdecken zudecken möchte.

Abel ist umgezogen in das so genannte Altersheim und setzt sich dadurch m. E. einer großen Gefahr aus. Enorm verlaust, ist es ein Pulverfass für eine Fleckfieber-Explosion.

2. April. Mein Schlafkamerad Chaim ist wegen Flecktyphusverdacht weggebracht worden. Man sieht also, am meisten gefährdet ist man im Bett; wegen der Gefahr braucht man nie etwas zu unterlassen. Eine zu spät gelernte Lektion. Von Saar aus darf ich mir frei nehmen, um die Läuse in der Baracke zu bekämpfen. Ich gehe heute in die 33, um ein paar Schweine zu waschen. Vielleicht wirkt das mehr als speeches.

Gestern besuchte ich Abel im Altersheim, er war mit beschriebenen Blättern beschäftigt. Ich fragte ihn, was er tat, und er fauchte mich an: »Kümmere dich um deinen eigenen Kram.« Später begegnete ich ihm wieder und er sagte: »Nimm es mir nicht übel, dass ich so unfreundlich war, siehst du, das war ein Tagebuch.« Abends ging ich auf ein Schwätzchen zu ihm: Wenn alle Gerüchte wahr sind – und die IPA sagt, dass die IPA nicht lügt –, ist es bald vorbei. Das muss es aber auch. Heute kommt das letzte Brot. Die Suppe enthält nur Wasser und Rüben. Man scheint vorzuhaben, uns rohes Mehl und ungekochte Kartoffeln zu geben. Abel meint jedoch, wenn er keinen Flecktyphus bekommt, schafft er es, und er möchte seine in Holland untergetauchten Kinder so gerne wieder sehen.

Nach meiner Ansicht hat uns Hanke mit seinen Epidemien auf das falsche Pferd setzen lassen. Die Ungarn nebenan bekommen nämlich Brot. Mams und ich haben uns geeinigt, dass wir nun, da es kein Brot mehr gibt, über Essen sprechen dürfen. Wir taten es übrigens sowieso schon.

Paps und ich setzten, unabhängig voneinander, ein Handbuch zur Läusebekämpfung auf. Paps' Produkt wird offiziell; er übernahm einiges von mir. Dr. Kohn, der offizielle Läusekönig, ist ein guter, aber ineffizienter Mensch.

3. April. Gestern gab es ein Gerücht aus immer guter Quelle: Große Teile der deutschen Wehrmacht sind dabei, sich zu ergeben, mit anderen Worten, es ist bald vorbei. Inzwischen jagten uns heute Nacht so genannte Tiefflieger, die mit dem Geratter von Maschinengewehren aus der Luft kamen, einen Schrecken ein. Es ist zufällig gerade ein Jahr her, dass es hier bei einem solchen Anlass mehrere Tote gab. So kann noch sein Ende finden, wer von Erschöpfung und Typhus verschont blieb. Irgend jemanden für Läusebekämpfung – und dadurch für Flecktyphusbekämpfung – zu erwärmen, ist vergebliche Liebesmühe.

Hier im Saal übt vor allem L. eine mörderisch unfaire Kritik an Paps und mir; und als ich gestern bei Weiss war, um einen Versuchsballon wegen einer Entlausungsmannschaft steigen zu lassen, war er sehr liebenswürdig, ging auf das ein, was er offenbar als Schnorrversuch ansah, indem er mir ein Päckchen Zigaretten gab, jedoch nicht auf meine Vorschläge, die zu erklären ich nicht einmal die Zeit bekam. Kein Wunder, dass Kohn nie etwas erreicht hat. (Gerade kommt ein Mof herein: »Was fehlt denn den Ärzten?« Zum Glück ist er schon wieder weg.)

In der Baracke gestern jemanden entlaust (er ist heute Nacht gestorben) und den Unwillen der Barackenleitung selbst erfahren. Die ganze Läusefrage ginge sie nichts an, sei »Sache der Heimpflege«. Das sind zwei Damen, die zweihundert Menschen, von denen die meisten Durchfall haben, Bettschüsseln, Flaschen und Waschwasser bringen müssen und damit alle Hände voll zu tun haben. Auch das wollte ich Weiss sagen, doch dieser, nomen est omen, sagte immer nur: »Ich weiß, ich weiß.« Die »Entlausungsstaffel« (!) kommt doch noch, aber ich werde es auf andere Art erreichen oder nicht dazu gehören. Mams hat wahrscheinlich Gelbsucht. Sie ist wohlgemut, aber manchmal weint sie. Man kann ihr nicht ungestraft mit Pessimismus kommen: Das zahlt sie einem heim, indem sie sofort depressiv wird. Wird der Krieg noch rechtzeitig aufhören?

4. April. Gestern ging das Gerücht um, im Westen würde kein Widerstand mehr geleistet. Heute hieß es, Osnabrück sei gefallen. Gestern mehr gequatscht als etwas zur Läusebekämpfung getan. Das Mittagessen kam um fünf Uhr; die Abendsuppe –

eine Art trübe Lake – kam heute Morgen um sechs Uhr. Ich bin überrascht, dass ich so wenig Hunger habe; wohl aber bin ich schlapp, faul und brauche viel Schlaf. Das »Sonderlager« nebenan wird viel besser versorgt. Jeden Tag sterben in allen Teilen dieses Lagers tausend Menschen an Kreislaufschwäche und Lungentuberkulose. Ein negatives Sanatorium.

Das Wetter ist wieder schlecht, und eine Windböe riss meterweise Dachpappe von der Baracke 33, und als es gestern regnete und ich in der Baracke sein musste, schien es drinnen heftiger zu regnen als draußen. Was das betrifft, bin ich also besser dran als die Essenholer (meine Ex-Kollegen), die hier wohnen.

In der Frauenbaracke 28 ließ Frau P. mich nicht über die Läusebekämpfung sprechen, weil man gerade beim Essen war! Das war nicht appetitlich. Alle Weiber (sollen sie eben Flecktyphus bekommen) waren mit ihr einer Meinung.

5. (?) APRIL. Wenn die Berichte wahr sind, stehen sie vor Hannover, Leipzig und Wien. Wir hörten das ganze Jahr schon Schießen, weil es hier in der Nähe Truppenübungsplätze gibt, aber jetzt hält jeder es für ernst, denn: »In diesen Zeiten wird nicht mehr geübt.« Wenn sie uns nur ruhig hier lassen. Der Hunger äußert sich bei mir vor allem psychisch – abgesehen von der starken Abmagerung –, und zwar durch einen Mangel an Arbeitslust. Gestern in der Baracke 33 zwei Läusedecken weggeworfen, 3 Köpfe kahl geschoren – wobei mir der junge Bromberg half –, im Altersheim einer bettlägerigen Frau die Haare entfernt; mein unangenehmster Fall bisher, weil ihre Haare wie mit Teer angeklebt waren (Läusescheiße) und die Schere nicht durchging. Ich lebe mit geschlossenen Augen, nach dem Krieg werde ich alles über den Krieg lesen müssen. Jetzt muss ich (zehn Uhr) aber aufstehen, es geht zu weit.

5. APRIL. Mams, so erzählt Kosta, ist wild vor Hunger. Sie liegt mitten zwischen den Kapo-Freundinnen, die die herrlichsten Dinge backen und essen und dies nicht verstecken. Die französischen Truppen sollen Stuttgart erreicht haben, die Weser soll überschritten sein. Nur: Hier merkt man absolut nichts. Gestern 125 g Brot, also eineinhalb Rationen pro Woche? Das Entlau-

sungsdampfdruckauto macht sich heute an die Arbeit: erst die Albaner-Baracke und der Beobachtungssaal, die in Quarantäne sind (dabei habe ich nichts zu tun), dann das Altersheim. Vielleicht ist es möglich, Kartoffeln im Auto zu garen. Die kann man für Tabak bei den Ungarn kaufen (unser Lager ist in jeder Hinsicht Stiefkind). Zu Jaap Meyer habe ich schon oft gesagt: Das Entlausungsauto wird sich sechs Tage vor Kriegsende an die Arbeit machen. Ich wünschte, das würde stimmen.

Dr. X. ist auf dem Höhepunkt seiner Karriere. Er behandelt Hankes Lungenentzündung. Er ist es auch, der bei jeder Diskussion die einzig richtige und brauchbare Bemerkung macht.

6. April, 4.30 Uhr. Die letzten Gerüchte sind, dass Krankenhaus, Beobachtungsbaracken, Büro plus Familien bleiben sollen bzw. später weggehen. Die Ungarn hatten heute Nacht zwischen 11 und 2 einen Transport, der dann doch nicht stattfand. Sie sind noch immer nicht weg. In der Luft die gleiche Aktivität: ein paar Luftgefechte. Ohne die Nervosität meiner immobilen Eltern (Paps hatte heute Nacht einen pathologischen Hunger. Er badete in kaltem Schweiß, fraß Zuckerwürfel, Mams ist total geschwächt) würde ich alles in rosigen Farben sehen. In den Berichten verbarg sich also ein Körnchen Wahrheit. Bleiben wir hier, dann werden wir vermutlich befreit. Gehen wir, sagt jeder, dann nimmt niemand etwas mit; trotzdem wird überall eifrig gepackt.

Heute Morgen schon früh auf, um das Dampfdruckauto beim Altersheim zu bedienen. Wir verdienten damit Käse und eine Portion Suppe. Hatte gestern mit Jaap einen Vertrag geschlossen, kann eine Mahlzeit pro Tag abholen, muss immer verfügbar sein. Dr. X. gibt uns nun eine gute Chance, wegzugehen. Wohin denn? Bin nicht entzückt über die Möglichkeit, noch in Sichtweite des Hafens unterzugehen.

7. April. Sonntagmorgenstimmung. Mams schlief hier, andere Frauen auch noch. Leider verlief die Nacht ruhig, und einige zweifeln nun wie ich und fragen sich, ob die Vorstellung von der Situation, die hier beschrieben wurde, nicht vollkommen daneben war. Sind die Engländer wirklich vor Hannover? Gestern verließen zweihundert Menschen dieses Lager und der größte

Teil des Sonderlagers. Mit reichlich Mundvorrat versehen, sollen sie in Viehwaggons abgereist sein, mit dem Ziel Theresienstadt. Mams sitzt am Tisch und köchelt (?) und erzählt von ihren voll gefressenen Nachbarn: »Ich kann heute nicht essen, das Weißbrot ist alle.«

Gestern Abend fiel ein kleines Festmahl auf Mams' Bett mehr oder weniger ins Wasser. Paps: »Lode, iss nicht so schnell.« Herr Mayer: »Sofort aufhören mit der Essensausteilung. Ruhe! Im Auftrag der Lagerleitung muss ich Ihnen mitteilen, dass die Deutschen gedroht haben, mit Maschinengewehren hereinzukommen, wenn nicht sofort angetreten wird.« Lode: »Paps, schling nicht so.« Es waren mit Schalen gekochte und gegessene Kartoffeln mit ein bisschen Margarine und ein »Kuchen« von aus der Suppe gefischten Steckrübenstückchen, mit etwas Grieß verfeinert und aufgebacken.

Alle Extraportionen waren gestrichen, aber im Krankenhaus erwartete mich ein »Durchschlag«: Der Boden fiel aus einem Essensfass und von dem auf der Erde liegenden Boden löffelte ich das »Dicke« in meinen Topf: Reste von Kartoffeln und Rüben. Ein albanischer Junge löffelte angeblich nur daneben, stahl mir aber die besten Brocken unter der Nase weg. Dies zur Erinnerung, wenn ich jemals wieder vornehm werden sollte.

Letzter Bericht: Der Transport ging ab mit vierundzwanzig Personen- und zweiundzwanzig Güterwaggons. Im Magazin werden keine Reisepakete gemacht. Die Deutschen haben gesagt, dass die Alliierten sehr nahe sind – aber das könnte noch aus dem IPA-Komplex von gestern stammen. Ein Furunkel in meinem Nacken ist der Vorwand, heute auszuruhen. Das Dampfdruckauto hat das Lager verlassen.

An extremen Hunger gewöhnt man sich offenbar leichter als an gewöhnlichen. Wir kauften für Tabak Kartoffeln von den Ungarn und retteten uns damit.

ELF UHR. Sanitäter sagte, dass wir heute Abend weggehen. Dr. Z. kommt gerade herein. Die SS hat beschlossen, das Lager zu liquidieren, allgemeine Entlassung, jeder muss sehen, wie er wegkommt, alles sollte aufgegessen werden, heute. Durchbrüche links und rechts von uns. Es ist zu hoffen, dass wir hier bleiben können, aber es ist nicht sicher.

Frieda Tas-Herzberg, Bergen-Belsen, 1950

Louis Tas

Brief an eine Deutsche

Sehr geehrte Frau D.

Sie bitten uns, also alle jene, die in »Schreiben im KZ«[1], der Buchhandelsausgabe von Renata Laqueurs Dissertation, zitiert werden, um eingehendere biographische Einzelheiten für die Zeit vor und nach der Lagerhaft.
Sie wollten auch etwas über unsere gegenwärtigen Empfindungen über das Nachkriegsdeutschland und die heutigen Deutschen erfahren. Ich will Ihnen gern behilflich sein, denn mit Renata, die auch selbst in der Anthologie vertreten ist, war ich während der beschriebenen Zeit befreundet, und ihre Dissertation fand ich meisterhaft.
Ich bin Ihnen dafür dankbar, in Englisch antworten zu können, das für uns beide eine Fremdsprache ist.

(Frau D. war eine deutsche Schriftstellerin, die bei einem Buchverlag arbeitete. Ein Teil des unten zu lesenden Textes wurde auch in dem Buch verwendet, mit Ausnahme des Abschnitts, der über die Deutschen handelt, und das hatte ich ja auch vorhergesehen.
Frau D. war ein taktvoller Mensch; denn mochte sie auch meine verborgene Intention erahnt haben, nämlich für mein eigenes Tagebuch zu werben, dann hat sie es sich doch nicht anmerken lassen.)

Vom Untergang des Luxusdampfers ›Titanic‹ im Jahr 1912 wird berichtet, dass mehr männliche Erste-Klasse-Passagiere gerettet wurden als Frauen und Kinder aus der Billigklasse. Das fand niemand anstößig, denn die Erste Klasse war ja auch teurer. Etwas

---

1 Laqueur, Renata. Schreiben im KZ: Tagebücher 1940–1945. Bremen 1992.

Vergleichbares geschah, während die Niederlande unter deutscher Besatzung standen und alle Juden planmäßiger Vertilgung ausgesetzt waren. Den kleinen Leuten bot sich kein Ausweg, als dem Aufruf zum ›Arbeitseinsatz‹ Folge zu leisten. Das mochte auch mit ihrer Selbsteinschätzung als ›underdogs‹ zusammenhängen. Einer meiner Freunde, damals noch Student, erinnert sich an den Satz eines jüdischen Gemüsehändlers, dessen Sohn einen ›Aufruf‹ erhalten hatte: »Er ist noch jung, und Arbeit schadet ihm nicht.«

Menschen aus besseren Kreisen, Freiberuflern oder solchen mit guten Beziehungen wie wir, gelang es eher, auf eine deutsche Liste zu kommen, die sie samt ihren Familienangehörigen »bis auf weiteres« vom Abtransport nach ›Polen‹, wo angeblich ›Arbeit‹ auf sie wartete, freistellte.

Ich kann mich auch an Menschen sogar in meiner eigenen Verwandtschaft erinnern, die folgendermaßen argumentierten: »Was für einfache Leute gut genug ist, mit dem muss auch ich mich zufrieden geben. Es werden sicher auch Lehrer, Ärzte und Krankenpfleger gebraucht. Ich will nicht, dass sich andere Menschen für mich einer Gefahr aussetzen«, und die sich meldeten. Es handelte sich um eine kleine Schar Exzentriker.

(Dazu zählte z.B. auch ein lediger Verwandter von mir, Frits Büchenbacher. Ihn zierte ein Pariser Künstlerschnurrbart und er trug einfache Kordsakkos. Er war ein Tüftler und Erfinder, wobei die Art der Erfindung etwas im Dunkeln blieb. Er filmte Bogen voller Figuren, die er langsam bewegte. Ich erinnere mich an ein Gespräch meines Vaters mit dem besorgten Vater des jungen Idealisten: »Man darf die Bedeutung von Erfindungen, die auf Dachböden gemacht werden, nicht unterschätzen«, meinte mein Vater begütigend. Nachdem Papa B. gegangen war, sagte Jacques zu mir: »Es kann aber genauso gut ein schizophrener Schub gewesen sein.« Als der Aufruf kam, schulterte der junge Mann seinen Rucksack und stellte sich. Bei jedem Videoclip, den ich sehe, denke ich mir: »Das war es natürlich, was Frits Büchenbacher vor Augen stand.«)

Im Allgemeinen galt: Je höher die gesellschaftliche Stellung, desto größer die Chance, Schutz auch für längere Zeit zu finden, ein Untertauchquartier zu ergattern oder etwa in ein besonderes

Lager zu kommen, wie unsere Abteilung in Bergen-Belsen, mit der Aussicht, am Leben zu bleiben. Die Untersuchung des Historikers E. Kolb zeigt, dass diese Abteilung sich einem Dekret des Auswärtigen Amts verdankte, eine bestimmte Anzahl Juden – deren Anzahl von der SS noch beschnitten wurde – vorläufig von der Vernichtung auszunehmen, um sie bei Gelegenheit gegen Deutsche in alliiertem Gewahrsam austauschen zu können. Als ich nach der Befreiung erlebte, dass der Ort, wo wir gewesen waren, als ein Konzentrationslager bezeichnet wurde, war ich schockiert. Als würden wir von dem, was wir erlebt hatten, zu viel Aufhebens machen. Für Überlebende gilt im Allgemeinen: Je niedriger die gesellschaftliche Stellung, desto mehr ermordete Verwandte. Juden aus einfachen Verhältnissen hatten größere Familien, auch während der deutschen Besatzung. Deshalb war die Empörung begreiflicherweise größer, als deren Überlebende mit ansehen mussten, wie die niederländische Regierung sich anschickte, nationalsozialistische Kriegsverbrecher, die 40 Jahre ihrer lebenslangen Haft abgesessen hatten, aus humanitären Gründen aus der Haft zu entlassen.[2]

Meine Kinder schockiert es, dass ich so wenig antideutsche Gefühle hege und immer wieder betone, noch einmal Schwein gehabt zu haben. Ich begreife erst seit kurzem das sich dahinter verbergende Standesgefühl. Im Licht der Titanic-Metapher gesehen, meinte ich: »Wir konnten uns ein Billett Erster Klasse leisten.« Zugleich aber spüre ich ein Bedauern, dass ich in einem Lager war, das keine tätowierte Nummer am Arm vorweisen kann. Bei einem Gespräch mit einem nach Kriegsende geborenen jüdischen Patienten, dessen Vater auch immer betonte, dass er noch einmal Schwein gehabt hatte, begriff ich auf einmal, dass dies in Wahrheit bedeutet: Es war reiner Zufall, dass ich noch lebe; denn eigentlich befand ich mich in großer Lebensgefahr.

In verschiedenen Aufsätzen zum Thema des ›Generationskonflikts‹ habe ich beschrieben, vor welchen Schwierigkeiten man in meiner Altersgruppe steht, wenn man seine Kinder über die Vergangenheit aufklären will. Denn sowohl Kinder als auch Eltern gerieten durch die unterschiedlichen, sich widersprechenden und

---

2 SS-Schergen, die im Gefängnis von Breda einsaßen.

aus solchen Klassengegensätzen herrührenden Schamgefühle in eine Konfliktsituation. Manchmal kommt es den Eltern so vor, als hätten es ihre idealistischen Kinder lieber gesehen, dass sie entweder heroisch gegen die Deutschen gekämpft oder sich zumindest freiwillig für die Vernichtungslager gemeldet hätten.

Aber auch Sie selbst mit Ihrer Frage nach meiner (in Ihren Worten) »Meinung über Deutschland und die Deutschen nach dem Krieg« bringen mich in eine missliche Lage. Zuallererst empfinde ich das als eine *loaded question*: Denn Sie selbst sind eine Nachkriegsdeutsche, und Sie vertreten den Verleger... Ich mag dann zwar so frei sein, zu sagen, was mir auf dem Herzen liegt, aber dem Verleger steht es ebenso frei, die Abschnitte auszuwählen, die er für gut befindet. Wie dem auch sei, Ihre Frage nach meiner Meinung brachte mich zum Nachdenken.

Ich musste feststellen, dass ich keine habe... Ohne dass ich mir selbst darüber Rechenschaft ablegte, hatte ich offensichtlich das Nachkriegsdeutschland und dessen Bewohner gemieden, mit Ausnahme meiner psychoanalytischen Kollegen, die selbstverständlich alle gastfreundliche, fleißige, intelligente, belesene und charmante Menschen sind. Sie bilden jedoch eine kleine erlesene Gruppe, eine Elite. Im Jahr 1983 in Hamburg, während des ersten psychoanalytischen Kongresses im Deutschland nach Hitler, sagte Hanna Segal[3] zu mir: »Wenn ich mich hier so umschaue und all die Physiognomien sehe, stellt sich mir die Frage, wer von denen wohl KZ-Aufseher gewesen sein könnte?« Ich merkte, dass ich mir diese Frage nicht stellte, sondern eher dachte: »Was für eine Sorte SS-Mann«? Nachdem ich immerhin anderthalb Jahre unter diesen Leuten gelebt hatte, dachte ich, dass ich in dieser Angelegenheit sachverständig war. Es gibt sie in unterschiedlichen Ausführungen. Ich bin sicher, dass ich schnell unterscheiden kann zwischen einem, dem man möglichst weit aus dem Weg gehen muss, und einem von der sympathischeren Sorte, dem es nur darauf ankam, dass man nicht müßig herumhing, sondern zumindest den Anschein erweckte, mit irgend etwas beschäftigt zu sein.

Das meine ich überhaupt nicht zynisch. Heinz Höhne weist in

---

3 Psychoanalytikerin aus der Schule von Melanie Klein.

seinem Buch: »Der Orden unter dem Totenkopf« überzeugend nach, dass die SS-Rekrutierung einer Stichprobe der Gesamtbevölkerung entsprach. Auch Jacques Tas, mein Vater, stellte wenige Jahre nach dem Krieg nüchtern fest, dass man diese Sorte primitiver Menschen in jeder beliebigen Bevölkerungsgruppe antreffen könne. Eine der Reaktionen, die ihn daraufhin erreichten, lautete: »Doktor, entweder Sie meinen das ernst, dann sind Sie zu bedauern, oder Sie glauben selbst nicht daran, dann sind Sie zu verachten.« Jacques betrachtete den Brief vom graphologischen Standpunkt und sagte: »Eine sympathische und intelligente Handschrift!«

Deshalb waren meine Kinder eigentlich eher empört über die Art und Weise, wie sich die Abwesenheit antideutscher Ressentiments bei mir zeigte, ja über das Fehlen jeden Gefühls.

Ich wurde am 25. Dezember 1920 geboren. Meine Schwester folgte anderthalb Jahre später. Unser Vater, der zu der Zeit Medizin studierte, war der Sohn eines vermögenden Diamantenhändlers, den wir »Opa Schnurrbart« nannten und der aussah wie ein gutmütiger Mafiapate. Ich kann mich nicht erinnern, dass er jemals den Mund auftat.

Louis Tas sen., »Opa Schnurrbart«, Großvater von Louis Tas, 1924

Frieda und Jacques Tas mit den Kindern Louis und Riva, 1923

Man erzählte sich in der Familie, dass Opa Schnurrbart alle seine Söhne, also auch meinen Vater, am liebsten als Mitarbeiter im Geschäft der Familie gesehen hätte, dann aber dem Medizinstudium als dem kleineren von zwei Übeln zugestimmt hatte. Denn eigentlich wollte mein Vater am liebsten Pianist werden. Es leuchtete nicht sofort ein, weshalb der gewiefte Geschäftsmann Louis Tas Senior seinen Sohn Jacques, einen unpraktischen Intellektuellen mit künstlerischen Neigungen, ins Geschäft nehmen wollte. Als Selfmademan hielt er es wohl für selbstverständlich, dass jeder einzelne in der Familie immer alles ihm zu verdanken habe. Tante Bella, das älteste der fünf Kinder, war vielleicht die einzige, die das Geschäft hätte übernehmen können. Aber auf den Gedanken kam damals niemand.

1929 stürzte die Welt in die Wirtschaftskrise, und der älteste Sohn, mein Onkel Hans, ein optimistischer Lebemann, der loyal die Firma der Familie übernommen hatte, ließ bei seinen geschäftlichen Entscheidungen nicht die notwendige Vorsicht walten und verlor einen großen Teil des Geschäftskapitals. Er hatte jedoch andere Fähigkeiten.

Heranwachsende hören von Erwachsenen Dinge, die sie ein Leben lang nicht vergessen. Mein Vater war, wie gesagt, Psychiater und hatte einen älteren Bruder, Onkel Hans, der Geschäftsmann war. Er machte kein Geheimnis daraus, dass er lieber kein Jude gewesen wäre, was er aber übrigens niemals leugnete. Hans hatte zwar eine wohltätige Ader, war aber an gesellschaftlichen Fragen wenig interessiert. Im Jahr 1938, einige Monate nach dem Brand der Synagogen in Deutschland, flüchteten manche der gerade aus den Konzentrationslagern entlassenen deutschen Juden in die Niederlande. Sie waren kahl geschoren, doch was ihre Erlebnisse anbetraf, ließen sie sich kein Wort entlocken. Mein Vater, Onkel Hans und ich (17) fragten uns nach dem Grund. Da war es nicht etwa mein Vater, sondern der weltgewandte Onkel Hans, der uns mit einer Erklärung überraschte. Er sagte in einem Ton, den wir von ihm nicht gewohnt waren: »Sie schämen sich, weil man sie so schlecht behandelt hat.« So einfach war das. Die Erkenntnis, einer Gruppe anzugehören, die straflose Erniedrigung und Misshandlung ertragen muss, erzeugte selbstverständlich Schamgefühle; und Onkel Hans hatte offenbar den Nagel auf den Kopf getroffen.

Mir selbst sind aber nicht wenige Intellektuelle begegnet, die diese Straßenkämpferweisheit nicht hören konnten, ohne zwangsläufig mit komplizierten psychologischen Kommentaren darauf zu reagieren: Dass diese Menschen sich eigentlich nicht zu schämen brauchten, »wenn sie sich nicht als Deutsche gefühlt hätten oder wenn sie das Gefühl toleriert hätten, klein zu sein, oder wenn sie sich nicht mit den Normen ihrer Unterdrücker identifiziert hätten«. Dabei stimmt die letztere Bemerkung sogar, ist aber tautologisch: Wenn man das Schamerleben genau betrachtet, sieht man, dass es zum Wesen der Scham gehört, dass man sich gefühlsmäßig und gegen besseres Wissen mit dem Verächter identifiziert und dass man den Hass, der eigentlich ihm gelten müsste, in unwillkürlicher Unterwürfigkeit gegen sich selbst richtet. Es bleibt der Umstand, dass diese Menschen meistens schweigen, wobei die Erklärung, dass dies aus Scham über die schlechte Behandlung geschah, am nächsten lag.

Bei meiner täglichen Arbeit als Psychotherapeut muss ich mich oft an den Ausspruch von Onkel Hans erinnern.

Erst nach dem Börsenkrach an der Wallstreet 1929, so erzählte man sich in der Familie, gab mein Großvater Tas seine widerwillige Zustimmung zu dem Berufswunsch seines Sohnes Jacques, denn der Beruf des Psychiaters war vielleicht doch weniger riskant als der eines Kaufmanns. Währenddessen blieb das Klavierspiel ein Teil von Jacques' eigentlicher Identität. Die Zeit unsrer Lagerhaft war die einzige Unterbrechung eines kontinuierlichen Stroms von Musik und Klavierübungen, der unser Haus beständig erfüllte, und für diese Musik bin ich noch heute dankbar. Als er im Sterben lag (1978), schon seit Tagen im Koma, befolgte ich mit einem zweifelnden Achselzucken einen meiner Ansicht nach zu pathetischen Vorschlag meiner Freundin Marjan, der für sie bezeichnend war, und hielt ihm einen Kassettenrecorder mit Klaviermusik von Chopin ans Ohr. Aber diese Geste, diese richtige Einschätzung seiner Person, schien überraschend gut angekommen zu sein, denn über Jacques' Gesicht flog, soweit man das bei seinen geschlossenen Augen beurteilen konnte, ein verlegenes triumphierendes Lächeln.

Ich glaube, wenn jemand gestorben ist, ist er in der Regel in unserem Denken und unserer Phantasie auf eine Weise anwesend, dass wir meinen möchten, die Person lebe noch. Ob das ein Anzeichen von ›Gesundheit‹ oder ›Krankheit‹ ist, liegt nicht am Inhalt dieser Phantasien, sondern daran, wie sie unser Verhalten beeinflussen. Als zum Beispiel im Jahr 1941, ich war damals zwanzig, Opa »Bart« (Herzberg) gestorben war, wurde er unmittelbar zu einer Art Schutzengel. Wenn ich jetzt an ihn denke, ist er das nicht mehr, vermutlich weil ich jetzt selbst so alt bin wie Opa Bart damals. Als jedoch 1978 mein Vater starb, kam es nicht zu einem ähnlichen Erlebnis, nicht nur, dass ich nicht von ihm phantasierte, sondern Jacques war vollständig ›weg‹. War das vielleicht ›reifer‹ oder ›erwachsener‹?

Ich sprach darüber mit einer Freundin, die kurz davor selbst ihren Vater verloren hatte, und sie belehrte mich eines Besseren: »Das bedeutet nur, dass du noch nicht glaubst, dass er tot ist.« Und so war es auch. Denn als ich anderthalb Jahr später wegen eines Unfalls im Krankenhaus lag, da hatte ich im Fensterkreuz

Frieda Tas-Herzberg an der Staffelei, ca. 1940

eine Fliege gefangen, so zum Totschlagen – aber ich dachte noch rechtzeitig: Das wäre etwas für Jacques, wenn er wiederkommt, um es so ungeschickt anzupacken. Diese Phantasie ermöglichte bei mir, dass ich mich angerührt und getröstet fühlte und bei der Erinnerung an meinen Vater noch immer fühle. Das einzig Krankhafte daran ist, keine Brummfliege mehr totschlagen zu können.

Meine liebe Mutter, Frieda Herzberg, war eine nicht unbegabte Malerin. Das Besondere an ihr war jedoch ihre expressive Stimme, die zwar geschult, jedoch vollkommen natürlich und ungekünstelt war. Dabei besaß sie etwas, was für ein Kind und vor allem für einen Sohn sehr peinlich ist: Wenn sie ihre jiddischen Lieder sang, denn diese Sprache verstand sie noch, ging es sehr ans Herz. Aber es war noch mehr als allein die Sprache, denn die Erkenntnis was das Wort ›Seele‹ bedeutet, verdanke ich den wenigen Momenten, in denen ich mich nicht abschloss. Gleichermaßen zur Sache gehend und treffsicher war ihr Humor. Das charakteristischste Beispiel dieses ganz besonderen Frieda-Humors war das letzte, am 28. November 1970, als sie erfuhr, dass sie an einem Gehirntumor operiert werden musste:

»Ist jetzt nicht der geeignete Moment für unvergessliche letzte Worte«, fragte sie sich und fügte hinzu: »Oder sind sie das schon?«

Ihre Eltern, Opa und Oma Bart, die eigentlich Herzberg beziehungsweise Person hießen, waren ursprünglich Emigranten aus Lettland und Russland, weshalb man in unserer Familie wusste, was man zu gewärtigen hatte, wenn ein Pogrom im Anzug war. Da kam die Nachbarin und fragte: »Kann ich die Nähmaschine haben, ihr braucht sie jetzt doch nicht mehr.«

Der in Holland unter anderem wegen seines Bergen-Belsen-Tagebuchs, aber auch als Jurist, Zionist und Schriftsteller bekannte Abel Herzberg war ihr älterer Bruder. In meinem Lagertagebuch erwähne ich ihn oft. So beispielsweise, als er eines Tages mit einem Bündel Papieren seinem beeindruckten Neffen zuwinkte: »Was du hier siehst, ist ein Tagebuch!« Noch jetzt bin ich stolz darauf, dass ich nicht übereifrig erwiderte: »Ich auch, ich auch!« In seinem Tagebuch, mit dem er mir zugewinkt hatte, werde ich übrigens nicht erwähnt.

Die Herzbergs hatten drei Kinder, Liesbeth, Abel und Frieda. Mein Onkel Abel war damals Mitglied in der Zionistischen Studentenvereinigung, was für beinahe alle meine Onkels und Tanten galt, also auch für die wenig begüterten, aber dafür sehr begabten, unholländisch schönen Herzberg-Mädels, die dort meinen Vater kennen lernten. Über Liesbeth sollte ich vielleicht noch etwas berichten. Sie war die Älteste und sah meiner Mutter äußerlich ähnlich und war eine kompetente Rezitationskünstlerin. Ihre zweite Ehe war ein endloser Machtkampf, der erst dann endete, als Liesbeth mit Hilfe einer lesbischen Freundin aus Westerbork fliehen konnte,[4] womit sie jedoch ihren Mann und den Rest der Familie, uns eingeschlossen, in Gefahr brachte. Ich selbst glaube, dass ihr Mann eingeweiht war und der Flucht zustimmte: Denn wenn er erst einmal von seiner Frau erlöst war, so dachte er wohl, würde er das Weitere mit den Deutschen schon regeln. Er war herzleidend. Aus der Strafbaracke

---

4 Die Medizinstudentin »Flip« den Veldhuys hatte sich einer Widerstandsgruppe angeschlossen und konnte mehreren Personen zur Flucht aus Westerbork verhelfen.

brachte man ihn nach Theresienstadt, wo er aber an einer Lungenentzündung gestorben ist. Er machte einen so großen und bleibenden Eindruck auf mich, dass ich mich in Westerbork mit der gleichen gelassenen Miene wie er auf die Latrine draufhokken wollte. Das erschien mir aus hygienischen Gründen vernünftiger, als sich normal darauf zu setzen. Aber ich wusste noch nicht, dass man, um unliebsames Aufsehen zu vermeiden, den Strahl nach unten richten muss, denn sonst geht er einen Meter weit.

Jacques Tas war sich seines Eindrucks auf junge Frauen immer sicher. Diesmal, als er Frieda begegnete, lief es jedoch ganz anders, und schon bald sang sie ihre jiddischen Lieder nur dann, wenn Jacques sie bewundernd und mit aufmunternder Leidenschaft am Flügel begleitete. Ein Sinnbild ihrer Ehe, die 50 Jahre halten sollte.

Meine Mutter starb 1970. Nach dem Massenmord brachte sie es nicht mehr über sich, jiddische Lieder zu singen, malte aber weiter Bilder. Eine Ausstellung zu ihrem siebzigsten Geburtstag brachte mehr als nur einen Achtungserfolg. Ein Teil ihrer letzten Bilder waren weniger Erinnerungen als Impressionen aus Bergen-Belsen. An diese Malereien erinnerte sie uns auch unwillkürlich, als man sie zur Vorbereitung ihrer Operation kahl geschoren hatte.

Mein Vater starb 1978; er hat sie acht trostlose Jahre überlebt. Er litt oft unter Anfällen von Angst, manchmal mit, manchmal ohne körperliche Symptome; und wenn ich dann sagte: »Es ist heute Friedas Geburtstag«, erwiderte er, das habe »nichts damit zu tun«. Oder er sagte etwa: »Du bist der beste Psychiater, den ich kenne...«, und schob damit beiseite, was ich gesagt hatte. Ich hatte u.a. gesagt, dass er jetzt unverkennbar selbst ein anschauliches Beispiel dafür war, was er 1948 in einem Artikel auf dem Hintergrund theoretischer Überlegungen vorausgesagt hatte, nämlich das ›Lagersyndrom‹. Er hatte vorhergesagt, dass Menschen, denen man jetzt nichts ansehe, nur pseudo-gesund seien, aber später Symptome aufweisen würden. Bei ihm war es die bekannte Leugnung: »War das denn so schrecklich, was *wir* mitgemacht haben?« Was *wir* mitgemacht hatten: Entrechtung, Isolation, Angst und Scham sowie der Verlust von Freunden und Bekannten waren nichts verglichen mit Auschwitz, ganz zu schweigen von Sobibor. Man gliche der verwöhnten Prinzessin auf der Erbse, wenn man sich zu sehr wehleidigen Gefühlen hingebe. Aus ähnlichen Gründen fiel es mir auch am Beginn schwer, um meine Eltern zu trauern; ich hatte (oder sie hatten) doch gar kein Recht zu solchem (oder auf solchen) Schmerz, denn sie waren hochbetagt gestorben und nicht ermordet worden. Gefühle dieser Art waren Luxus.

Die jiddischen Lieder meiner Mutter kann ich mir nur noch schwer in Erinnerung rufen, bis auf eines, bei dem ich noch manchmal sehe und höre, wie es Frieda, nach dem Tod von dessen Frau, ihrem einsamen Vater vorträgt. Eine Uhr (›A Séjgerle‹) schlägt immer wieder an, und jedesmal beginnt eine neue Strophe, bis sie schließlich zum letzten Mal schlägt. War es Zufall, dass mein Großvater ein paar Tage danach starb?

In diesem Zusammenhang fällt mir zweierlei ein. Als ich diese Erinnerungen zum ersten Mal niederschrieb, tat ich es auf Englisch und blieb dabei entsprechend nüchtern und trocken, auch als ich feststellte, dass ich gerade, als ich dessen gedachte, selbst so alt war wie damals mein Großvater, als ihm seine Lieblingstochter vorsang. Und zweitens, dass diese Erinnerungen, nachträglich niederländisch aufgeschrieben, ein unbezwingliches und genierliches Schluchzen bei mir hervorriefen.

Andere Aufführungen jiddischer Volkslieder konnten in den Augen von Jacques und Frieda und ihres ›petit cercle‹ keine Gnade finden und wurden entweder als ›polnisch‹ oder als ›kommerziell‹ abgetan oder als beides.

Ich muss hinzufügen, dass mir alle im Handel erhältlichen jiddischen Volkslieder wie Kitsch in den Ohren klingen, mich jedenfalls nicht an Friedas Lieder erinnern.

Den Begriff ›petit cercle‹ gebrauche ich bewusst, denn nach dem Krieg las ich bei Marcel Proust die Beschreibung von Madame Verdurins Salon, der bescheiden ›unser Zirkelchen‹ genannt wurde, und fühlte mich dabei unmittelbar wie zu Hause. Das schloss das sehr Proustsche Gefühl mit ein: »Könnte ich das doch meiner Mutter zu lesen geben.« Von jedem Lebensabschnitt behielten meine Eltern ein paar Getreue, angefangen mit dem Fundus aus ihren zionistischen Studentenjahren, dann die Maler, die meine Mutter von ihrer Ausbildung her kannte, wie auch die Assistentenkollegen an der Psychiatrie der protestantischen Universität, wo Jacques seine Ausbildung als Psychiater absolviert hatte. Diese Christen kannten das Alte Testament viel besser als Jacques und sympathisierten oft mit Freuds Ideen – nach meiner Einsicht wegen der Nähe von Freuds Lehre zur calvinistischen Auffassung, dass wir allzumal ›Sünder‹ seien.

Es besuchten uns auch Musiker, Maler und Schauspieler. Meine Eltern gehörten zu den Gründern der Künstler- und Intellektuellenvereinigung »De Kring«. Nach 1933 stießen dazu auch sehr sympathische Menschen aus der deutschen Emigrantengruppe, die jedoch nicht alle Juden waren.

Ein Ereignis aus dem Jahr 1936 hatte für mich weiterreichende Folgen.

Mein Vater war Mitglied eines Studentenverbandes gewesen. Dessen Erstsemester waren verpflichtet, bei Beginn des Studiums vollzählig ihre Aufwartung bei den Alten Herren zu machen. Dabei kündigten sie ihren Besuch nicht vorher an, denn wenn niemand zu Hause angetroffen wurde, konnte man die Pflicht als erfüllt ansehen und den nächsten gewichtigen Alten Herrn aufsuchen.

Mein Vater war bei dieser Gelegenheit gerade noch mit seiner Arbeit beschäftigt, und der Besuch wurde anfänglich von meiner Mutter empfangen. Eine Sekretärin meines Vaters, eine junge Frau, welche die Chance zu einer interessanten Bekanntschaft witterte, half ihr dabei. Dies war für mich der Anfang einer Freundschaft mit einer Gruppe begabter Studenten.

Nach einiger Zeit wurde auch ich in die Gruppe dieser jungen Leute, die ich bewunderte und mir zum Vorbild nahm, aufgenommen. Einige von diesen Freundschaften dauern bis auf den heutigen Tag. Diese Menschen spürten deutlich die Drohung des Nazismus, und im Gegensatz zu der mehr behäbigen Reaktion vieler niederländischer Intellektueller – falls sie nicht direkt zur Linken gehörten – stellten sie sich aktiv gegen den Faschismus. Sie hatte ausgesprochen literarische Vorlieben wie beispielsweise für Stendhal, der nie auch nur ein überflüssiges Wort gebrauchte und nach dessen fester Überzeugung die Verwendung des Wortes Ich (»le moi haïssable«) nur durch »LA PLUS PARFAITE SINCERITE«[5] wettgemacht werden konnte.

Ich, der zu dieser Zeit schon ein Theaterstück über einen Philosophen, der den Selbstmord pries, geschrieben hatte – es war in reimlosen Versen, und ich bin froh, dass es noch niemand gelesen hat – begann nun, selbstverständlich unter der Leitmaxime größter Ehrlichkeit, ein Tagebuch.

»Ich bin froh, dass es noch niemand gelesen hat«, klingt zwar sehr ›cool‹, doch bemerke ich bei mir seit ein paar Jahren, sobald ich ein Theater oder eine Freilichtbühne betrete, regelmäßig ein Hochgefühl, das ich mit den Worten umschreiben kann: »Das ist der richtige Ort für mein Stück.«

Ein eigenartiges Gefühl, denn obwohl Theaterschriftstellerei in meiner Familie mehrfach vorkommt, spielte es in meinen Wunschträumen keine Rolle. Bis ich mich eines Tages beim Schreiben dieser Reminiszenzen daran erinnerte, dass mein Vater einmal gesagt hatte: »Du solltest ein Theaterstück schreiben!« Einige Zeit später begriff ich, dass »froh, dass es noch niemand gelesen hat«, zwar sehr abgeklärt klingt, es aber tatsächlich so ist, dass ich »Peisithanatos« niemand anderem als meinem Vater zu lesen gegeben habe und dass Jacques Tas so viel Einfluss auf mich hat, dass seine Worte noch immer wirken wie eine posthypnotische Suggestion.

Noch ein Wort zu ›la plus parfaite sincérité‹, der größtmöglichen Wahrhaftigkeit. Baron von Münchhausen erklärte zu Beginn einer jeden seiner berühmten Geschichten, dass er mit seiner Ehre dafür einstehe, dass sie wahr sei. Stendhal forderte ›la plus parfaite sincérité‹, und es überrascht nicht, dass Literaturforscher herausgefunden haben, dass er regelmäßig log. Ich dagegen nie.

Ich erkläre hiermit, dass ich mir vorbehalte, Szenen wegzulassen, deren ich mich zu sehr schäme, aber dass ich nicht scheinheilig andere Menschen kritisieren werde, die in dieselbe Lage geraten sind.

Ich werde nie scheinheiliger als: »Ich fände es schrecklich, dabei erwischt zu werden!« Damit will ich nicht sagen, dass ich

---

5 Mit der größtmöglichen Wahrhaftigkeit.

mich dessen nie schuldig gemacht habe, sondern nur, dass ich noch nie erwischt worden bin. Aber selbst das kann noch die Unwahrheit sein – das raubt mir jedoch nicht die Nachtruhe.

Meine anderthalb Jahre jüngere Schwester war eine mutige Person, was sie unter Beweis stellte, indem ihr noch auf dem Bahnhof, als wir deportiert werden sollten, die Flucht gelang. Sie tauchte unter, entwickelte dabei viel Erfindungsgabe und schlug sich unter anderem als Soldat der Heilsarmee durch. Als unsere Familie nach der Befreiung wieder vereinigt war, zeigte sich bei ihr eine Art Rückfall in die Abhängigkeit von den Eltern, aber schnell gewann sie ihr altes Selbstvertrauen zurück, verheiratete sich zweimal, hatte Kinder und Enkel mit beiden Ehemännern, und war, zudem nach dem Tod meiner ersten Frau, wie eine zweite Mutter für meine Kinder. In der Zeit vor dem Krieg war mein Umgang mit meiner Schwester geprägt von zwangloser Sympathie, woran ich erinnert wurde, als meine jüngste Tochter geboren wurde, die ihr als Kind aufs Haar glich. Wir konnten nicht verstehen, woran es lag, dass unser beider Verhältnis nach der Befreiung nicht auch so gut war, zumal meine Kinder mit meiner Schwester und deren Kindern sehr gut auskamen.

Sie ist 1998 gestorben – ich werde mich nie daran gewöhnen –, als ich bereits an dem vorliegenden Text schrieb. Im Zusammenhang mit diesem Brief habe ich versucht, mir über die Ursache Klarheit zu verschaffen, und auch mit meiner Schwester darüber gesprochen. Wir konnten aber zu keinem Ergebnis kommen. Meine Meinung darüber war und ist noch immer: dass unser Vater und unsere Mutter, vom heutigen Kenntnisstand aus beurteilt, gar keine so vorbildlichen Eltern gewesen sind. Ich selbst habe jetzt sieben Kinder im Alter zwischen 10 und 50 Jahren, und jedesmal, wenn ich eines der Kinder zur Freischwimmerprüfung begleitete und dabei versuchte, mir meinen Vater und meine Mutter in der selben Situation vorzustellen, kam ich zu dem Schluss, dass sie in so einem Fall stets etwas Wichtigeres zu tun hatten und die Aufgabe oft dem Kindermädchen überließen. Beispielsweise gingen sie zu spät zu Bett, um gemeinsam mit uns Kindern frühstücken zu können. Meine eigenen Kinder können ein Lied davon singen, dass ich um kein Haar besser bin. Meiner

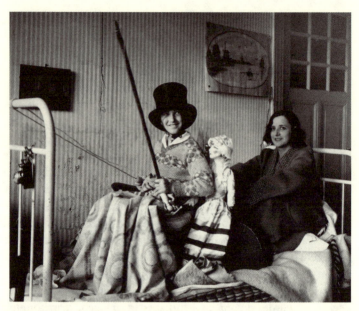

Louis Tas mit seiner Mutter, ca. 1929

Louis Tas mit seiner anderthalb Jahre jüngeren Schwester Riva, 1930

Schwester Verwahrlosung war noch größer als die meine. Schließlich eröffnete sich meinen Eltern in Westerbork und Bergen-Belsen noch nachträglich die Möglichkeit zu zeigen, dass sie sehr solidarisch veranlagt waren und sich nicht unterkriegen ließen. Wenn wir herauszufinden versuchen, was für Menschen die Eltern gewesen waren, herrschte zwischen mir und meiner Schwester, die obige Erfahrung nicht machen konnte, keine Einstimmigkeit mehr. Möglicherweise lag hier der Ursprung der manchmal zwischen uns aufgetretenen Irritation. Wir haben beide unsere eigenen Motive zur Eifersucht. Während ich die Eltern als selbstlos kennen lernte, hatte sie diese Erfahrung nicht gemacht. Ich ärgerte mich zunächst über meinen Vater, der immer meine Schwester vorzog! Und als wir im Lager saßen, ärgerte mich seine Unruhe wegen »des Kindes«. Jetzt würde ich das rührend finden. Damals schrieb ich giftig in mein Tagebuch, dass man allmählich von »dem Mensch« sprechen könne. Im Haus Tas wusste man sich wenig Rat bei dem Phänomen ›Eifersucht‹. Sie wurde einem auch nicht vorgehalten, denn sie war einfach nicht da.

Wie schon erwähnt, verbrachten unsere Eltern ihre Zeit lieber mit Künstlern und Intellektuellen als mit wohlhabenden jüdischen Bourgeois.

Mein Vater brauchte viel Zeit, um sein Studium abzuschließen. Als ich etwa vier Jahre alt war, besuchten wir zweimal Paris, wo meine Mutter bei Malern der ›École de Paris‹ verkehrte, viele davon polnisch-jüdischer Herkunft (Kisling, Soutine). Kisling hatte zu den Emigranten gehört, denen ihr Vater weitergeholfen hatte und die in Paris Karriere gemacht hatten. Leider übernahm sie von Kisling einen Malstil, der viel weniger zu ihr passte als ihr ursprünglich holländisch-impressionistischer. Wir wohnten in der Rue Galilée (16e), und meine Eltern verbrachten die Abende am Rive Gauche, unter anderem im ›Dôme‹, das durch Hemingway, einen anderen damaligen Besucher, später berühmt wurde. Meine Schwester und ich verbrachten mehr Zeit mit unserem Kindermädchen als mit den Eltern. Und als das Kindermädchen, welches wir am liebsten hatten, erkrankte und ins Krankenhaus eingeliefert wurde, flehten wir sie an, nicht wegzugehen, und sie versprach, bald zurückzukommen. Aber sie starb. An ihr Aussehen kann ich mich nicht mehr erinnern. Jetzt begreife ich, warum die Vermeidung von Schmerz seit dieser Zeit zu den Hauptthemen meines Lebens gehörte, und warum ich mich seitdem voll Heimweh an Orte wie Paris klammerte. Keinen Schmerz zu fühlen war während der Besatzungszeit von Vorteil, erschwerte aber später deren Verarbeitung.

Wenn es sich bei dem, was ich jetzt über eine Melodie berichten will, die mich nicht loslässt, um Erdichtetes handelte, würde ich sagen: »Ach was, das ist Kitsch«, und es streichen; es ist aber tatsächlich passiert.

Um nicht missverstanden zu werden: Das Folgende spielt nicht in der Kriegszeit. Nach unserer Rückkehr aus Paris verfolgte mich eine Melodie, deren Herkunft sich mir entzog. Als Kind habe ich mich manchmal so lange geweigert, ins Bett zu gehen, bis mein Vater sich die Melodie von mir anhörte, aber dann achselzuckend zu verstehen gab, dass er es auch nicht wüsste, woher sie stamme. Heute glaube ich, dass es sich um ein kindlich entstelltes Stück von Chopin handelte, und alle paar Jahre habe ich beim Hören von Chopin ein Aha-Erlebnis. Erst vor ein paar Jahren habe ich rekonstruiert, was sich abgespielt haben muss. Unsere Eltern haben mit uns nie über die verstorbene Mies van Galen gesprochen. Zu jener Zeit war man froh, wenn Kinder so etwas schnell vergaßen. Opa Schnurrbart hatte die Devise: »Tot ist tot«, und dabei stand auf seinem Schreibtisch ein Schild mit dem Text: »I have troubles of my own – don't mention yours«, was einen schwerlich auf den Gedanken bringen konnte, dass Opa Schnurrbart sich als Stammvater eines Geschlechts von Psychiatern erweisen sollte. Aber ich denke, nein, ich bin sicher, dass Jacques, als er vom tragischen Tod dieser jungen lebensfrohen Frau erfuhr, das einzige ihm Mögliche tat, um sein Gefühl auszudrücken: er setzte sich ans Klavier und spielte das zweite Stück Chopins, dessen ganzes Werk, so meine ich, vom tragischen jungen Sterben handelt. Mein nachträglicher Versuch, mit Jacques darüber in Kontakt zu kommen, ist misslungen.

Obwohl sie im Sinne des Zionismus bewusste Juden waren und uns Kindern klangvolle jüdische Vornamen gaben, waren wir doch Atheisten. Die Großeltern, die ihren Beinamen dem erzväterlichen Bart meines Großvaters zu verdanken hatten, feierten regelmäßig den Sejderabend während des Pesach, an dem wir immer teilnahmen, damit wurde traditionell der Befreiung des jüdischen Volkes gedacht. Mein Vater verwahrte in demselben abschließbaren Schrank sowohl die Ohlàlà-Literatur von den Tagen in Paris wie auch die Bücher über jüdische Religion und Tradition, die mein Großvater unermüdlich als Geburtstagsgeschenke für uns mitbrachte. Als ich schließlich den Schlüssel gefunden hatte, ging es mir mehr darum, »La vie Parisienne« heimlich herauszuholen als etwa die »Jüdischen Riten und Gebräuche«.

Ein sorgsam gehütetes Geheimnis meines Vaters war, bei gleichzeitiger magischer Überschätzung des Judentums, dass er darüber überhaupt nicht Bescheid wusste. Vielleicht fürchtete er die Bücher, die das ans Licht bringen konnten.

Es gab noch die Leyseroffs, arme Verwandte von der Seite der Herzbergs. Die Leyseroffs hatten einen kranken Vater und eine als sehr stark bekannte Mutter, Tante Elza. Ihr Enkel hat noch vor kurzem amtliche Dokumente eingesehen, aus denen hervorgeht, dass Opa Bart, verglichen mit der Tas-Familie selbst arm, sie finanziell unterstützte. Elza war seine jüngste Schwester.

Elza kam zusammen mit ihrem kranken Mann in ein Lager, in dem die Menschen gleich nach der Ankunft mit Auspuffabgasen von Dieselmotoren vergast wurden. Ihr ältester Sohn, Micha, half meinem Vater bei seinem Fotohobby. Er wurde während des Kriegs wegen »Spionage« erschossen. Er war Fotograf und sah sehr jüdisch aus.

1941 erhielt mein Vater einen Brief von dessen Frau mit der Bitte, diese Nachricht Elza beizubringen, denn sie sei so labil. In dem Brief vertrat die Ehefrau die Auffassung, dass eine Provokation an dem Vorfall schuld gewesen sei. Eine Verräterin habe Micha dazu gebracht, bestimmte Objekte zu fotografieren, denn bei früheren Beschuldigungen habe man ihm nichts nachweisen können. So sagte jedenfalls die Ehefrau. Wer kann das aber jetzt noch so genau nachprüfen?

Der jüngste Sohn hieß Louis. Wir hänselten ihn, wenn er den in unserem Haushalt beschäftigten Frauen den Hof machte. Während der Besatzungszeit wurde er deportiert und ermordet.

Die älteste Tochter, Frieda, und später die jüngste, Popje, passten gemäß der Tradition der »Großfamilie« auf uns auf, was dem Lebensstil der armen Juden entsprach. Nachdem sie ins Arbeitsleben übergewechselt waren, verschwanden sie mehr und mehr aus unserem Leben und brauchten nicht mehr »in den Kulissen« zu leben, wie es in unserem ersten Haus der Fall gewesen war. Vielleicht war der Übergang auch von meinem Vater beschleunigt worden. Ebenso wenig wie ich realisierte er, wie sehr er auf Standesunterschiede achtete. Vielleicht hatte er die unklare Vorstellung, dass die Lebensweise seiner ärmeren Verwandtschaft, zu der es gehörte, viel Zeit für die Kinder aufzuwenden, nicht mehr zu seinem neuen Status passte.

Popje konnte herrliche Geschichten erzählen, beispielsweise vom Till Eulenspiegel. Auf meine Frage hin erklärte sie den Unterschied zwischen einem freiberuflichen Narren und einem Hofnarren, der habe nämlich goldene Knöpfe mit Krönchen darauf. Als sie erwachsen wurde, es war während der Besatzung, heiratete sie einen Schullehrerkollegen. Sie bekamen ein Kind, tauchten unter, wurden verraten und verhaftet. Es war für mich bezeichnend, dass ich Frieda Leyseroff aus dem Weg ging, denn wie mir jetzt aufgeht, war sie eine Verkörperung des Schmerzes. Sie war die einzige Überlebende der Leyseroffs, da sie nach Indonesien emigriert war und das japanische Konzentrationslager überlebt hatte. Wenn ich ihr nicht ausweichen konnte, fühlte ich mich in ihrer Gegenwart nicht wohl; bis ich, noch vor ihrem tödlichen Unfall, zu meinem Erstaunen feststellte, dass ich sie eigentlich sehr mochte.

1966 begann ich mit meiner zweiten Analyse, diesmal bei einer Frau. Mein erster Traum bei der ersten Sitzung war folgender: »Ich werde Ihnen (Analytikerin) einen Traum erzählen, und in diesem Traum bitte ich Sie darum, den Geistern der verschwundenen Menschen Blut zu geben, damit ich um sie trauern kann.« Der doppelte Vorbehalt dieses Traums weist schon auf die Scheu, überhaupt mit solch einer Phantasie aufzuwarten; und in der Tat war es 1966 dafür noch zu früh, wenngleich mir die Analyse in anderer Hinsicht sehr geholfen hat.

Viele meiner Altersgenossen, die von unterschiedlichen (holländischen) Analytikern behandelt worden waren, haben nie auch nur damit begonnen, um ihre Eltern, ihre Freunde und ihre eigene wie weggefegte Gruppe zu trauern.

Den Geistern Blut geben, damit man um sie trauern kann, wurde auf unerwartete Weise möglich, als ich vergeblich versucht hatte, diesen Brief aus dem Englischen in die niederländische Sprache zu übersetzen. Ich musste schließlich alles in meiner eigenen Sprache aufs neue erzählen. Dabei stellte sich heraus, dass ich, solange ich damit beschäftigt war, den Geistern Blut gab. Es stellte sich Trauer ein, ich fühlte: Schmerz, Bitterkeit, Kummer und Nostalgie.

Meine kindliche Innenwelt war erfüllt mit großen Phantasien, ich wollte Erfinder werden und selbst, wie ich voll Scham meinem ersten Analytiker beichtete, Diktator. (Sein Kommentar: »Wie Ihr Vater?«)

Ich las alles, was ich kriegen konnte, von Jugendbüchern bis zu populärwissenschaftlicher Literatur. Als ich acht Jahre alt war, begann ich Detektorradios zu basteln, und da mein Vater zu snobistisch war, als dass er »Musik aus der Dose« toleriert hätte, war meine Konstruktion das einzige Radio in unserem Haus. Mein Vater war ein anspruchsvoller und bisweilen auch unmöglicher Mann. Er sagte einmal, und wie ich hoffe mit Selbstironie: »Ich und anspruchsvoll? Dabei bin ich doch schon zufrieden, wenn ich das kriege, was ich haben will!« Worauf meine Mutter halblaut erwiderte: »Wenn's nur wahr wäre.« An mir mäkelte er immer herum, während ich ihn stets provozierte, das einzige Mittel, um von ihm beachtet zu werden, es sei denn, man war bereit, Stunden auf den »richtigen Augenblick« zu warten. Als mein Vater 1930 endlich Psychiater geworden war und seine Ausbildung als Analytiker begonnen hatte, richteten wir ein großes Haus ein, mit u.a. einem Sprechzimmer und einem imposanten Empfangszimmer, das vielen roten Bücherschränken in Mahagoni und nicht weniger als zwei Flügeln Raum bot. Außer dem großen Speisezimmer gab es neben der Küche ein kleines gemütliches Gartenzimmer, der Mittelpunkt unseres Hauses.

Dann kam in Deutschland ein echter Diktator an die Macht, und wir lernten viele Flüchtlinge kennen, Juden und Nichtjuden, denen mein Vater unermüdlich half, vor allen den Illegalen und Künstlern. Wenn es Musiker waren, setzten sie sich zusammen mit meinem Vater an die beiden Flügel – nach dem leckeren Mahl. Begreiflicherweise wollten uns die deutschen Emigranten davon überzeugen, dass auch wir in Gefahr waren und versuchen mussten, so schnell wie möglich nach England oder Amerika zu entkommen. Aber zum einen waren wir ja gerade Zeuge der schmerzlichen und schwierigen Lebensumstände von Emigranten; und zweitens waren Holland und unser komfortables Haus mit all unserem Besitz doch vollkommen sicher hinter unserer »Waterlinie«[6], wo für Panzer kein Durchkommen war. Holland war uneinnehmbar. Dazu kam noch meine Hoffnung, nach dem Abitur den Militärdienst abzuleisten; denn ich war pazifistisch erzogen, besaß kein Kriegsspielzeug, selbst ein Matrosenanzug war tabu, weshalb ich insgeheim von einer Uniform träumte. Außerdem wies die Emigrantenpresse – da musste man es ja schließlich wissen – stets mit Nachdruck darauf hin, dass Hitler nur bluffe, denn nähme man den Fehdehandschuh auf, stürze das System wie ein Kartenhaus zusammen. Deutschland sei im Ernstfall gar nicht dafür gerüstet, einen wirklichen Krieg durchzustehen.

Als im September 1939 der Krieg ausbrach, machten wir gerade Ferien in Südfrankreich, und wir hätten mühelos nach England oder Amerika ausweichen können. Es erschien uns aber voreilig, und wir kehrten nach Amsterdam zurück. Als die Deutschen am 10. Mai 1940 kamen, benötigten sie nur vier Tage, um die Niederlande zu überrennen. Am zweiten Tag meldete ich mich bei dem Hauptmann des Wehrbezirks, der meine Rückstellung behandelte, und erkundigte mich, wie ich zum Kriegseinsatz kommen könne. Er sagte: »Betreffend euch Studenten habe ich noch keine Orders erhalten; das halte ich für ein unheilvolles Vorzeichen.« Dabei drückte er sich etwas biblisch-altertümlich aus, so dass ich mich vergeblich bemühte, den Sinn seiner Worte zu verstehen.

---

6 Nach dem Ersten Weltkrieg gebaute Verteidigungslinie mit Festungswerken im Polderland, das geflutet werden konnte. Das System war eigentlich schon zur Zeit seiner Errichtung obsolet.

Einer meiner Freunde, Daan Sajet, hatte nach der Kapitulation erst einmal, um seinen Vater nicht zu enttäuschen, sein Abitur gemacht, dann bestieg er zusammen mit einem anderen Jungen ein Segelboot und entkam nach England. Er wollte zu den Fliegern, doch fehlte ihm, wie sein Kamerad mir berichtete, das notwendige Talent; er zog sich bei einem Unfall schreckliche Brandwunden zu, an denen er starb, bevor sein Vater, dem inzwischen auch die gefährliche Überfahrt gelungen war, ihn noch einmal sehen konnte. Ich zog oft einen Vergleich zwischen Daans und meinem Schicksal. Ein Zeitgenosse, der jetzt in meinem Alter wäre, jedoch weder die Erfindung des Penicillins noch die Beatles erlebt hat noch den Staat Israel und nicht die Enthüllungen über den Archipel Gulag. Wenn ich durch Amsterdam gehe, stelle ich mir oft die Frage, welchen Weg wohl Daan gegangen wäre, denn die Stadt hat sich seit 1941 sehr stark verändert. Der Teil von Amsterdam, den Daan noch ›kennt‹, wird stets kleiner. Das Motiv für den Vergleich ist selbstverständlich Neid. Was meinen Neid weckt, ist natürlich sein Mut. Meine Schwester hat nicht ohne Grund ihren Sohn nach Daan benannt.

In Osteuropa hatten die Deutschen ein Land noch nicht richtig besetzt, als sie schon daran gingen, die Juden auszurotten. In Holland waren sie viel behutsamer mit letztendlich dem selben Resultat. Ich habe nicht nur das »Abitur« machen können, konnte mich auch noch an der medizinischen Fakultät einschreiben und sogar noch eine Prüfung ablegen, bevor die Universität von der kollaborierenden Obrigkeit für Juden gesperrt wurde. Diese Prüfung – Parasitologie war eines der Prüfungsfächer – bekam übrigens später eine für mich lebenswichtige Bedeutung. Als 1944 in Bergen-Belsen eine Fleckfieberepidemie[7] ausbrach, wusste ich über Läuse als Krankheitsüberträger ebenso gut Bescheid wie ein richtiger Doktor. Auch nach unserer Befreiung in dem Dorf Tröbitz, als die Epidemie erst richtig in Gang kam, meldete ich mich wieder als fachkundiger Läusebekämpfer, bis ich schließlich selbst Fleckfieber hatte. Gleichermaßen wurde die

---

7 Flecktyphus, Lagertyphus, Typhus exanthematicus wird durch Kleiderläuse übertragen.

Mitschrift des Embryologie-Kollegs aus der vergleichenden Anatomie zum Kern meiner ›Kultur‹. Die Entwicklungslehre bildete den Grundstock, auf den später die Psychoanalyse aufbaute. Nach meiner Ansicht muss man mit diesen biologischen Fächern gut vertraut sein, um Freuds Gedankengängen folgen zu können.

Im September 1940 hielten die Amsterdamer Studentencorps die traditionelle Groentijd[8] ab. Die einzige Änderung bestand darin, dass aus Vorsicht unsere Köpfe nicht geschoren wurden, um nicht die Aufmerksamkeit der Autoritäten auf uns zu ziehen. Ich wurde vom Studentenklub meines Vaters dazu eingeladen. Von Antisemitismus, auch dem gebräuchlichen, habe ich dabei nichts feststellen können.

Jeder kennt das Klischee von den Freunden fürs Leben. Ich habe in der Tat solche Freunde gefunden. Auch fand ich einen Unterschlupf, als die Deutschen im Februar 1942 bei einer Razzia Jagd auf junge Juden machten; einige hundert junge Männer wurden nach Mauthausen verfrachtet und waren schon drei Monate später tot. Die Familien wurden davon benachrichtigt. Damit wollte man uns terrorisieren und sollte die Illusion aufrechterhalten bleiben, dass es etwas ausmachte, wenn man nicht in ein Konzentrationslager wie Mauthausen kam. Auch sollte der Eindruck erweckt werden, dass allein Männer in Gefahr waren.

Ich kann mich nicht mehr genau erinnern, wann es genau 1941 war, dass alle niederländischen Vereinigungen den Befehl erhielten, sämtliche jüdischen Mitglieder auszuschließen. Das Amsterdamer Studentencorps löste sich damals auf. Da aber das Corps aus einzelnen Klubs bestand, konnten die meisten Aktivitäten heimlich weitergeführt werden. Es gab viele anständige Intellektuelle, die auf solche Lösungen kamen wie etwa die Niederländische Vereinigung für Psychoanalyse, die sich offiziell auflöste, obwohl die Ausbildung von Analytikern weiterging.

Es mag seltsam erscheinen, aber die Zeit als Fuchs in der Studentenverbindung war für mich eine nützliche Vorbereitung auf Bergen-Belsen. Da landete ich nämlich unglücklicherweise für ei-

---

8 Auch Ontgroeningstijd (Entgrünungszeit), vergleichbar den Fuchs-Ritualen in deutschen Burschenschaften.

Schule in Maastricht, 1942. Louis Tas und sein Freund Ernst Keizer stehen in der oberen Reihe (4. und 6. von links)

nige Zeit im ›Stubben-Kommando‹, das viel Ähnlichkeit mit einem richtigen Konzentrationslager hatte, wogegen ich jedoch, so schien es mir damals, durch meine Zeit als Fuchs immunisiert war. Selbst wenn dieser Gedanke nur eine Flucht in die Phantasie gewesen ist, kann er doch hilfreich gewesen sein.

Als Beispiel mag ein Vorfall im ›Stubben-Kommando‹ im Winter 44 dienen. Unsere Arbeit bestand darin, Baumstümpfe aus der gefrorenen Erde zu hacken und sie zusammen mit den Menschen, die von den zwei Kapos, einem deutschen Kriminellen und einem Polen, bewusstlos geprügelt oder getreten worden waren, auf Wagen zu laden. In meinem Tagebuch mache ich darüber eine beiläufige Bemerkung, erwähne jedoch nicht eine meiner wenigen eigenen mutigen Taten. Als wir uns eines Tages zurück ins Lager schleppten, stützte ich meinen Freund Paul G., dessen lange Beine schlecht durchblutet waren, als sich uns ein SS-Unterscharführer näherte und höhnte: »Warum hilfst du ihm – er kann gut allein laufen.« Ich bin sicher, dass ich mein Verständnis für den Altersgenossen der Erfahrung meiner Zeit als

Fuchs zu verdanken habe, weshalb ich es auch wagte, folgendermaßen ›nachdenklich‹ zu antworten: »Wenn ich ihm helfe, läuft er noch besser.« Der SS-Mann drehte sich um und äffte mich nach: »Wenn ich ihm helfe, läuft er noch besser.« Als wir einmal Halt machten, sorgte er dafür, dass ich einen Extra-Schlag Suppe bekam.

Die antijüdischen Maßnahmen wurden intensiviert. Es wurde verordnet, dass alle jüdischen Schüler die öffentlichen Schulen zu verlassen hatten. Deshalb mussten, wie ich vorhersah, sofort jüdische Schulen aus dem Boden gestampft werden. Mir war auch klar, dass es schwierig seien würde, beispielsweise an kleinen Orten, genügend jüdische Lehrkräfte zu finden. Deshalb meldete ich mich beim Jüdischen Rat, dem offiziellen Vertretungsorgan der Juden, wo auch eine Abteilung Unterrichtswesen bestand. Der Jüdische Rat war zu dieser Zeit noch nicht wegen seiner Assistenz bei der Deportation kompromittiert, sage ich jetzt scheinheilig. Aber jeder wollte von ihm gern einen ›Ausweis‹ ausgestellt haben – ich auch. Dort schlug ich vor, Studenten wie mich für den weiterbildenden Schulunterricht heranzuziehen. Ich erinnere mich noch, wie der Mann reagierte, der zwar Jude, aber doch ein typischer niederländischer Beamter war: Wir halten an dem Grundsatz fest, nur Leute mit Lehrbefugnis einzustellen.

Aber schon am nächsten Tag wurde ich dringend aufgefordert, möglichst viele Studenten aufzutreiben. Von mehr als 30 Studenten zeigten nur zwei Interesse, daran teilzunehmen. Obwohl ich mir das alles so schlau ausgedacht hatte, gelang es mir nicht, selbst sofort eine solche Stelle zu bekommen. Ich sah offensichtlich so unreif aus, dass man, wenn sich die Alternative anbot, einen anderen nahm. Aber endlich in Maastricht war ich der einzige Kandidat und wurde doch noch, nach einigen Wochen des Wartens, angenommen.

Mit einem Kollegen (Ernst K., mit dem ich in Freundschaft verbunden blieb) unterrichtete ich während des ganzen Jahres 1942 in Maastricht, bis von den ursprünglich 24 Schülern keiner mehr übrig war. Entweder waren sie verschleppt worden oder untergetaucht. Diejenigen, welche mit der ganzen Familie einem Aufruf zum Arbeitseinsatz in Polen Folge leisten wollten, versuchte ich zurückzuhalten, denn in der Provinz war es relativ einfach, ein Untertauchquartier zu finden.

Ein wiederkehrendes Sujet von Mythologie und Folklore: Der junge Held, gerade am Beginn seiner ruhmreichen Laufbahn, begegnet, wie es sich in solchen Fällen gehört, einem übernatürlichen Wesen, das sich in ziemlich ausgefallener menschlicher Gestalt zeigt und ihm einen Rat gibt, von dessen Befolgung es abhängt, ob der junge Mann den Drachen töten, seinen Vater finden, die schöne Jungfrau erlösen oder ganz einfach selbst am Leben bleiben kann. In meinem Fall trug der Überbringer ein römisch-katholisches Habit. Er saß bei mir im Zugabteil, als ich meine erste bezahlte Anstellung an der Schule für jüdische Kinder in Maastricht ansteuerte. Die Reise dauerte viele Stunden, wir kamen ins Gespräch, wobei sich herausstellte, dass er an einer von Fratres geleiteten Schule unterrichtete. Er hatte also zufällig Erfahrung auf dem vor mir liegenden Arbeitsfeld. Ich gestand ihm, dass ich ein Erstsemester der Medizin sei und mir Sorgen mache, ob es mir gelingen würde, Disziplin in die Klasse zu bringen. Mein Vertrauen zu diesem Fremden wurde mit dem besten Ratschlag belohnt, den ich jemals erhalten habe: »Disziplin ist keine Kunst, wenn du dich natürlich gibst. Bist du verärgert, dann verbirg es nicht hinter einer süßlichen Miene, und tue umgekehrt nicht streng, wenn du eigentlich gutmütig bist; Kinder fühlen unmittelbar, ob jemand echt ist oder unecht.«

Mit meinen Erlebnissen in Maastricht könnte ich einen eigenen Band füllen, wäre mein Tagebuch weniger fragmentarisch und auch mein Gedächtnis zusammenhängender. Ich empfinde jetzt noch Heimweh nach dieser schönen Stadt, wo ich nach dem Krieg die Wege neu lernen musste, weil es nicht länger nötig war, durch die mittelalterlichen Gassen zu laufen, um den zentral gelegenen Platz zu vermeiden, der damals für Juden verboten war. Frau Kahn war meine Wirtin, die Frau eines jüdischen Metzgers, der als Geisel eingesperrt war. Sie hatte jede Verbindung zu ihm verloren. Ihr Sohn, ein langer und sehr jüdisch aussehender, verlegener Heranwachsender, der mich am Bahnhof abholte und mir mit einem verschwörerischen Schmunzeln die Stokstraat zeigte und das Schild: »Für die Wehrmacht verboten«, weil dort die Prostituierten waren. Er wurde an einem Wochenende abgeholt, als ich zufällig in Amsterdam war. Von ihm hat man nie wieder etwas gehört.

Das Tragen des gelben Davidsterns mit dem in quasi hebräischen Buchstaben geschriebenen Wort JOOD wurde 1942 zur Pflicht, als ich in Maastricht war.

Eine Szene, der ich mich dabei erinnere: Ich gehe gemeinsam mit meinem Freund und Kollegen Ernst Keizer, als uns auf der Straße zwei deutsche Soldaten, etwa in unserem Alter, entgegenkommen. Da ruft der eine von den beiden: »Der da, der braucht ja gar keinen Stern!« Damit meinte er natürlich Ernst, dessen Hakennase ganz dem Stereotyp entsprach. Wir haben darauf nichts erwidert. Diese Anekdote habe ich oft erzählt und erntete dabei immer ein etwas verlegenes Lachen. Das erste Mal während eines Vortrags über Humor. Danach erwähnte ich das Erlebnis in einer Serie von Essays über Scham, denn es schien mir ein Beispiel zu sein für »bypassed shame«, einer versäumten Scham, bei der Bilder und Situation zur Scham gehören, aber das entsprechende Gefühl ausbleibt. Erst vor kurzem habe ich eingesehen, dass wir zwar so taten, als hörten wir nichts, uns aber, zur Genugtuung der Witzbolde, doch anzusehen war, dass wir uns verspottet fühlten, sonst hätte der Vorfall auch einen ganz anderen Verlauf nehmen können.

Dabei stellte ich mir auch die Frage, ob die Haltung, die ich damals einnahm, sich nicht unbewusst bei mir festgesetzt hat und inzwischen zu mir gehört. Nachdem ich begriffen hatte, in welcher Weise mein Charakter vielleicht von dem deutschen Pogrom verformt worden war, ging ich zum Telefon und rief meinen inzwischen in den USA wohnenden Freund Keizer an, um ihn zu fragen, ob er sich noch an den Vorfall erinnere. Keizer missgönnte dem Deutschen dessen Witz, weshalb der Deutsche nach seiner Erinnerung sagte: »Der da, mit seiner krummen Nase, seinen braunen Augen und seinem Kraushaar sieht so jüdisch aus, dass er überhaupt keinen Stern nötig hat.«

Wie ich mich in eine Schülerin unerwidert verliebte, darüber berichte ich in meinem Lagertagebuch. Sie hat mit ihrer Mutter Auschwitz überlebt, ebenso der Maastrichter Junge, den sie später heiratete. Ihr Bruder, auch einer meiner Schüler, kam um, ebenso ihr Vater. Damals plante ich einen Fluchtweg über Belgien nach Frankreich, aber nicht mit Überzeugung, obwohl ich mich im Voraus darin übte, nach der Sperrstunde um 20 Uhr ohne Stern durch Maastricht zu laufen. In der Tasche hatte ich einen belgischen »Eenzelvigheidsbewijs«[9] und einen Diamanten. Während ich mich in Amsterdam befand, wurde das Haus von Frau Kahn von einer der wenigen auf Maastricht abgeworfenen Brandbomben getroffen, und alles verbrannte. Das sah ich als ein Vorzeichen an. Frau Kahn, mein Kollege und ich zogen in einen anderen Teil von Maastricht. Bei unserer neuen Adresse wurde ich von der Hauswirtin verführt, die anschließend von mir verlangte, dass ich für eine Abtreibung sorgte, wobei sie durchblicken ließ, dass ihr Mann mit dem örtlichen SS-Befehlshaber gut bekannt sei. Ich war um fünf Kilo abgemagert, als sie schließlich einen spontanen Abortus hatte. Bei genauerem Hinsehen ist diese Passage: »Von der Wirtin verführt« etwas scheinheilig. Sie war eine schöne Frau und Mutter von fünf oder sechs Kindern. Ihr Ehemann fuhr Lastkraftwagen für die Deutschen und war selten zu Hause. Wir hatten geflirtet, wobei ich ziemlich ungeniert war, worauf sie freundlich reagierte. Kurz darauf kam sie in mein Dachzimmer, wo ich schlief, setzte sich auf mein Bett und klagte, dass es ihr kalt sei.

Einige Zeit später erschienen zwei niederländische Polizisten, um Frau Kahn zu verhaften! Sie kannten sich noch aus der Kinderzeit. Frau Kahn brauchte sich keine Mühe zu geben, denn vom ersten Moment an nahm sie für sich ein. Ich hatte selbst ihr zerknittertes Gesicht, gleich beim ersten mal, als ich sie sah, sehr lieb gewonnen. Jedenfalls vollbrachte Frau Kahn nach einer langen Diskussion ein wahres Wunder, und die Polizisten ließen zermürbt von ihr ab. Es kam aber noch ein schwieriger Moment, als die beiden die Möglichkeit erörterten, dann eben mich mitzunehmen. Weshalb sie das nicht taten, weiß ich nicht. Frau Kahn, mein Kollege und drei Schüler haben den Krieg überlebt, indem sie untertauchten. Als ich wieder nach Amsterdam zurückgekehrt war, begann ich, was im Nachhinein betrachtet sehr eigenartig war, eine Psychoanalyse.

---

9 Personalausweis

Es ist mir heute absolut unbegreiflich, wie ich damals auf den Schutz vertrauen konnte, den die Liste, auf der wir eingetragen waren, uns bieten sollte, oder warum ich annahm, beizeiten davon Kenntnis zu erhalten, wenn es nicht mehr der Fall sein sollte. Möglicherweise gibt es dafür doch eine Erklärung, denn mein eigener Analytiker war in Analyse bei Karl Landauer, der die selbe Vogel-Strauß-Mentalität an den Tag legte wie wir, so dass er aus diesem Grund gar nicht erkennen konnte, was klar auf der Hand lag: dass er nämlich die Analyse hätte beenden und mir raten müssen unterzutauchen. Es war aber noch viel komplizierter, denn auch mein Vater war damals in Analyse bei Landauer. Wir sollten uns alle drei in Bergen-Belsen wiederfinden, wo Landauer starb. Er hatte aufgegeben und tauschte seine Brotration für Zigaretten. So wurde mir jedenfalls berichtet. Ich hatte schon erwähnt, dass mich eine pathologische Abwehr von Trauer und Schmerz beherrschte. In meinem Lagertagebuch verschweige ich, dass ich mich an niemanden binden wollte, der es vermutlich nicht mehr lange machen würde, und dass ich aus diesem Grunde Landauers freundliches Angebot, mir mit einer kurzen Therapie weiterzuhelfen, nach ein paar Gesprächen ausschlug.

Ich geniere mich beinahe, die Geschichte unserer Unentschlossenheit und unserer Deportation zu erzählen. Überdies gibt es über diese Art Geschehnisse unübertroffene Berichte von Eli Wiesel, Art Spiegelman und anderen, aber weil Sie danach fragen ... (Frau D. hatte überhaupt nichts Derartiges gefragt).
Hinterher klüger, weiß ich immer noch nicht, ob ich die Versuche meines Vaters, die Gefahr von uns abzuwenden, erbärmlich finden oder ob ich ihn dafür bewundern soll. Wir hatten uns Pässe sowohl von San Salvador als auch – wie wir erst später in Bergen-Belsen feststellten – von Paraguay beschafft. Mein Vater fand Unterlagen, die beweisen konnten, dass sein Vater nicht sein biologischer Erzeuger war. Ein älterer holländischer Herr im passenden Alter war bereit, unter Eid (und gratis!) zu erklären, dass er eine Affäre mit meiner Großmutter gehabt habe. Mehrere Anthropologen wollten bestätigen, dass mein Vater und also wir vom anthropologischen Gesichtspunkt her zwar ›mediterran‹ seien, aber ganz bestimmt nicht semitisch.

In Bergen-Belsen wurde einmal von den Deutschen gefragt, wer Zweifel an seiner Abstammung habe. Wer nichts anderes hatte als diesen Strohhalm, nämlich seine jüdische Abstammung in Zweifel zu ziehen, wie der sehr sympathische Herr Menco oder der Journalist Philip Mechanicus, und sich darauf berief, der wurde dann gleich nach Auschwitz verfrachtet und ermordet – wegen ›Behördenbelästigung‹. Für die Massenmord-Bürokraten hatten diese Menschen begreiflicherweise keinen Tauschwert, den eigentlichen Sinn und Zweck des ›Aufenthaltslagers‹. In meinem Tagebuch schrieb ich, dass dieser Versuch, sich herauszureden, erst in dem Moment als peinlich empfunden wurde, als er sich als wertlos erwies!

Außerdem besaßen wir gut gefälschte nichtjüdische Identitätspapiere, und Freunde waren bereit, uns Untertauchquartiere zu beschaffen. Dass wir auch noch auf der ›Palästinaliste‹ standen, hat wahrscheinlich unser Leben gerettet.

Mein Vater hatte einen jüngeren Bruder, der seit dem sechsten Lebensjahr körperbehindert war, als sich bei ihm eine schleichende und seltene neurologische Abweichung zeigte (Torsionsspasmus nach Ziehen), was mit unwillkürlichen Bewegungen einherging. Eine Zeitlang hatte man ihn als hysterisch angesehen und mit Bedacht streng behandelt, weshalb meine Großeltern sich gegenüber Bob ein Leben lang schuldig fühlten. Ich habe ihn nie anders gekannt als in einer solchen Missgestalt, dass es Überwindung kostete hinzusehen. Er war vollkommen hilflos, eine strahlend gutartige, gebildete Person, die auf dem Lande ein beschütztes Leben führte, zusammen mit einer nichtjüdischen Krankenschwester, die in Bobs Diensten alt geworden war und einen leichten Bart bekommen hatte. Er war überzeugter Christ und ein Jahr davor getauft worden.

Betreffend getaufter Juden habe ich selbstverständlich eine Meinung. Ich stimmte mit Opa Bart überein, der einmal sagte: »Ich habe großen Respekt vor ihrer Überzeugung; wären aber die Juden zufällig in der Mehrheit gewesen und die Christen eine kleine verfolgte Sekte, dann empfände ich vielleicht sogar noch mehr Respekt.« Aber selbst mein Großvater hätte für Bob eine Ausnahme gemacht. Vor kurzem habe ich festgestellt, dass Bob ungefähr einen Monat, nachdem Großvater (Herzberg) Bart am 4. Februar 1941 gestorben war, getauft worden ist.

Wie dem auch sei, als sich Bob während der deutschen Besatzungszeit taufen ließ, stand keineswegs die Absicht dahinter, mit seinem neuen religiösen Status einen Vorteil zu erlangen, denn dafür war es schon viel zu spät. Noch vor seiner Taufe, wenn ich sah, wie Bob als hilflose Missgestalt von der Krankenschwester aufs Bett niedergelegt wurde, um versorgt zu werden, musste ich unwillkürlich an alte Bilder mit Christi Kreuzabnahme denken. Bei Bob war diese Identifikation mit Christus naheliegend, und es sollte sich noch zeigen, dass sein weiteres Schicksal und die Art, wie er sein Los trug, damit in Einklang standen.

Als alle Juden per Verordnung aus der Provinz weg- und nach Amsterdam umziehen mussten, kam Onkel Bob zu uns in die Wohnung. Aus seinem Fenster konnte er das Kreuz auf der nahe gelegenen katholischen Schule sehen (uns war dieser Anblick nie aufgefallen). Das erlebte er als »Trost«.

Die Schwierigkeiten, für meinen Onkel, der wegen seiner spastischen Bewegungen und seiner Verunstaltung auffiel, ein Untertauchquartier zu finden, vermehrten sich noch dadurch, dass Schwester Mien, die bei ihm lebte, kein Quartier für meinen Onkel oder vielleicht auch sich selbst für gut genug erachtete.

In dieser Lage befanden wir uns am 29. September 1943, als wir eines Abends plötzlich erfuhren, dass der Schutz, den uns unsere »Liste« geboten hatte, aufhörte. Die Liste war »geplatzt«. Es war keine Zeit zu verlieren.

Fast fünfzig Jahre lang genierte mich die Frage, weshalb wir Juden während der deutschen Besatzung uns nicht beizeiten der Verhaftung entzogen hatten und untergetaucht waren, obwohl wir doch rechtzeitig gewarnt wurden, dass man uns abholen würde. Unser Verhalten in dieser Situation schien von ehrbaren Motiven geleitet: denn immerhin wurde kurz davor ein invalider Onkel bei uns einquartiert, für den wir noch keine Untertauchadresse hatten. Selbst während ich das nur aufschreibe, bekomme ich Herzklopfen, allein schon bei dem Gedanken, nach der Sperrstunde hinaus auf die nächtliche Straße und, zwischen wer weiß wie vielen deutschen und holländischen Polizisten, die in Alarmbereitschaft sind wegen Menschen wie uns, hindurch zu müssen hin zu unserem Untertauchquartier. Aber die Worte Angst oder Gefahr fielen dann kein einziges Mal während der aufgeregten Diskussion, die daraufhin bei uns losbrach. Eine Diskussion, über deren Ursache ich mich 48 Jahre lang selbst getäuscht hatte, indem ich immer angenommen hatte, sie habe aus Loyalität anstatt aus Angst stattgefunden. In dem Moment, als ich diesen Zusammenhang zum ersten Mal erkannte, fand ich unser Verhalten nicht etwa mehr, sondern weniger lächerlich. Die Empathie mit mir selbst war wiederhergestellt und – die ›Scham‹ vorbei.

Unsere Eltern wollten ihn nicht im Stich lassen, ein Nachbar, er war Richter, hatte uns schon abgewiesen. Wir sollten schon einstweilen losgehen, und wenn Bob untergebracht war, wollten sie nachkommen. Wir Kinder wollten aber unsere Eltern nicht zurücklassen. Während wir so beratschlagten, wurde an der Tür geklingelt: die Polizei. Wir flüchteten auf das Flachdach. Ich habe das unwirkliche Bild noch vor Augen, als die Tür hinter uns wieder aufging und, wie in einem Gangsterfilm, ein mit einer Maschinenpistole bewaffneter Polizist heraustrat. Er richtete die Waffe nicht sogleich auf uns, da wir hinter einem Schornstein versteckt saßen, sondern auf einen Nachbarn, der auch aufs Dach geklettert war, um nachzusehen, woher der Lärm kam, wie er sich dann bei den Polizisten herausredete.

Wie erging es schließlich Bob? Nachdem sich die Polizisten, die uns verhafteten, beraten hatten, gestanden sie ihm zu, seinen gelben Stern abzunehmen, während seine Krankenschwester ihn mit dem Rollstuhl zum Bahnhof schob. Aber er wies das zurück: »Kein kaltes Pogrom!« sagte er. In dem Sammellager Westerbork angekommen, von wo wöchentlich die Züge nach ›Polen‹ abfuhren, wurde Bob in die Krankenabteilung eingewiesen. Und da, mitten unter den einfachen Leuten, von denen er bis dahin abgeschirmt gelebt hatte, wurde er beliebt und spielte Schach mit ihnen. Wenn man ihm länger zusah, vergaß man ganz seine Behinderung und seine bizarren unwillkürlichen Bewegungen und wurde gefangen genommen von seinem entwaffnenden kindlichen Charme. Man sah, dass er keine Macht über seine Bewegungen hatte. Das war etwas ganz anderes, als wenn jemandes Bewegungen Verlegenheit verraten oder Nervosität oder auch einen anderen ansteckenden psychischen Zustand. Nach Ablauf von ein paar Wochen, die vielleicht die glücklichste Zeit seines Lebens waren, fiel Bob in ein Koma und starb nicht lange darauf.

Sein Gehirn wurde präpariert und zum Pathologen nach Amsterdam geschickt, wo man nichts Spezifisches fand, selbst keine Erklärung für seine lebenslange neurologische Krankheit. Später hörte ich, dass sich ein Krankenpfleger namens Ritmeester rühmte, dass er mehr wüsste über die ›tödliche Krankheit‹: Es sei ein Gnadentod gewesen. Es ist durchaus möglich, dass Ritmeester ohne Mithilfe eines Arztes dazu die Initiative genommen hat. Auch kannte man seine halsstarrige Weigerung, Injektionsnadeln zu desinfizieren, wobei er sich rühmte, dass dies niemals ungünstige Folgen nach sich gezogen habe. Das muss mir während einer Zeit zu Ohren gekommen sein, als ich selbst mit Gelbsucht auf der Krankenabteilung gelegen habe. Obwohl ich es nicht beschwören kann, glaube ich, dass Ritmeester selbst es mir erzählte. Wenn das so gewesen ist, dann sieht es mir durchaus ähnlich, dass ich von ihm keine Rechenschaft gefordert habe.

Weshalb ist es mir nicht eher aufgefallen, dass ich nichts über die Zeit in Westerbork berichtet habe...?

Ich habe damals offenbar nur Gedichte zu schreiben versucht und ein »Gedicht von van West, Mann aus dem Volk« aufgeschrieben, das vielleicht alles enthält. Auch habe ich in einem Gedicht die Vorstellung ausgebildet, über Westerbork ein Kunstwerk zu schaffen:

»Ich träume mich Maestro / Westerbork stilisiert als Oratorium / Alle die Gruppen werden Chöre / Hohe Chöre, tiefe Chöre / Man besingt sein Los im Lied / Soli hört man fast nicht.«

Aber ein Tagebuch habe ich dort nicht geführt. Möglicherweise spielte Jacques dort keine Heldenrolle? Oder ich auch nicht? Wegen der erzwungenen Passivität waren die Begebenheiten losgelöst von eigenen Handlungen und Entscheidungen, so dass sich kein zeitlicher Ablauf der Erinnerung ergibt.

Dass ich mich nicht mehr erinnere, auf welche Weise Riva auf dem Bahnhof Amsterdam-Amstel entwischen konnte, ist Ausdruck meiner Hemmung, dazu selbst nicht fähig gewesen zu sein. Schließlich haben es auch die Deutschen übersehen. Ich habe im Lagertagebuch die bei einem Halt beobachtete Katze des Bahnwärters beschrieben.

Jacques warf einen Zettel aus dem Fenster, und der Bahnwärter nickte: »Gesehen«. Da hielt ein anderer es auch für nötig, eine Nachricht aus dem Fenster zu werfen, tat es aber so ungeschickt, dass der Mof[10], der den Zug bewachte, beide Zettel fand und zerriss. Ich bemerkte, wie ungerührt die Katze sich dabei leckte. Am Bahnhof Utrecht hielt der Zug, und da gelang es Josje Sillevis-Smitt, einer Freundin meiner Mutter, bis an den Zug zu uns vorzudringen. Ich sehe noch, wie sie mit verheulten Augen bei uns stand. Während Mams in der Kürze der Zeit, die Josje unbehelligt blieb, mit ihr ›Sentimentalitäten‹ austauschte, sah ich mit erstarrter Miene verlegen vor mich hin.

Keine Erinnerung an die Ankunft des Zugs in Hooghalen[11]. An einem warmen Nachsommerabend sehe ich eine stehend wartende Menge, dabei auch Abel und Thea, denn offenbar war »Barneveld«[12] am selben Tag liquidiert worden. Danach Visitation durch die Schurken von Lippman & Rosenthal,[13] die bekannten barschen Steuereintreiber. An die Ankunft in Baracke 71 erinnere ich mich nicht.

Onkel Jo de Leeuw beschrieb die Baracken später als eine Art auf der Erde stehender Dachböden. Sie waren beinahe voll besetzt mit dreistöckigen eisernen Bettgestellen, die aus den Kasematten der Maginot-Linie stammten. Manchmal bot ein freier Raum zwischen den Betten Platz für einen langen Tisch. Davor standen vierfüßige, meisterlich gefertigte Lagerschemel mit einer Sitzfläche aus zwei Brettern, deren zueinander stehende Seiten je eine ovale Einkerbung besaßen, damit man den Schemel bequem mit der Hand ergreifen konnte.

---

10 Bezeichnung für Deutsche, vergleichbar dem französischen *boche*.
11 Bahnstation von Westerbork.
12 Lager für Juden aus der Elite, die anschließend nach Bergen-Belsen oder Theresienstadt deportiert wurden.
13 Das nazifizierte ehemalige jüdische Bankhaus betrieb die systematische Ausplünderung der deportierten Juden (Wertsachen, Geld, Kunstgegenstände etc.).

Wettlauf unter Führung des vormaligen Nachbarn Davidson; ich bringe aber herzlich wenig.

In der Krankenhausbaracke mit Gelbsucht. Wie schmecken Virginiazigaretten (geschickt von Onkel Paul) bei Gelbsucht.

Jeden Dienstag Morgen gingen die Transporte aus Westerbork ab: Freunde nehmen Abschied voneinander. Ich erinnere mich eines Namens: Kinmeiser. Wahrscheinlich der Name einer abfahrenden Familie, der aufgerufen worden war. Der zurückbleibende Mann gab den Abfahrenden eine lederne Motorradmütze als Geschenk. Erkennbar waren sie Freunde seit vielen Jahren.

Vom Außenkommando her, wo ich arbeitete, erinnere ich mich des Ingenieurs Staf von der Heidemaatschappij.[14] Der deutlich als holländischer Kollaborateur erkennbare lange Mann in Knickerbockers machte nach dem Krieg noch große Karriere. Ich arbeitete u.a. auch mit Schubkarren. Einmal verunglückte jemand tödlich oder wurde jedenfalls schwer verletzt, als ihm eine Ladeklappe auf den Kopf fiel. Einer der Palästina-Pioniere rief immer dann, wenn dazu Anlass war, dessen Namen: »Colasso!« und verewigte ihn so in einem Warnruf. Auch am Oranje-Kanal habe ich gearbeitet, aber vergessen, wie es damals hieß. Einmal kam ein junger Mann zu mir, bot mir sein Fahrrad an und sagte: »Hau ab!« Aus zwei Gründen musste ich das Angebot ausschlagen: Zum einen waren meine Eltern noch im Lager und liefen Gefahr, nach meiner Flucht abtransportiert zu werden. Zum anderen wusste ich ja nicht, ob ich es nicht mit einem Provokateur zu tun hatte. In einer Art Aufschub trage ich mich dann wochenlang mit dem Gedanken, in Westerbork darüber Erkundigungen einzuholen. Danach hatte ich jahrelang den gleichen Traum: Durch einen Zufall kann ich so aus dem Lager gehen, muss aber zurück, um meine Eltern nicht in Gefahr zu bringen. Diesen stereotypen Loyalitätstraum wurde ich dann los, als ich viele Jahre später begriff, dass mein Analytiker, indem er nicht mich in die Analyse wieder aufnahm, sondern meinen

---

14 Großer halbstaatlicher Betrieb zur Nutzung der ausgedehnten Heidegebiete.

Vater, sehr schlecht gegen mich gehandelt hatte und dass damit auch Jacques meiner Treue nicht mehr würdig erschien.

Eines Tages erlaubte ich mir etwas, das mir als zynischer Spaß erschien: An Stelle abgeschossener Flugzeuge, die abgewrackt werden mussten, wurde eines Tages ein Gestühl aus Amsterdamer Synagogen angeliefert. Unser Gruppenältester hatte einen wilden und grauen Ben-Gurion-Haarkranz. Ich sagte zu ihm: »Wir helfen mit bei der Liquidierung des niederländischen Judentums.« Der Vorarbeiter sah mich betroffen an und erwiderte: »Was der junge van Vogel da sagt, darüber sollten wir noch genauer nachdenken...« Jahrelang habe ich mir dann selbst vorgemacht, dass die damalige Bemerkung zynisch statt sentimental gemeint gewesen sei. Selbst als eine Patientin mir erzählte, dass sie als Kind im Sanatorium eine »überzeugende Imitation von Heimweh« hatte, um die gleiche Zuwendung zu erlangen wie die Kinder mit echtem Heimweh und dabei überzeugt blieb, dass es sich um Imitation handelte, selbst dann kam mir nicht der Gedanke an meine eigene Tat am Oranje-Kanal.

Des weiteren erinnere ich mich an die ›Getauften-Baracke‹, über der eine Aura lag, dass einem schlecht werden konnte. Auch eine Orgel gab es, und dort traf ich einen, der mit dem traurigen Ausdruck eines Mopshundes zu mir sagte: »Unser Glaube wird nicht anerkannt.« Er war von der Christian Science. Auch Herrn und Frau Presburg sehe ich noch vor mir, die hatten ein Töchterchen bei sich, es trug Zöpfe. Er war der zweite, volljüdische Ehemann einer davor mit einem Nichtjuden verheirateten Mutter. Das Kind ließ man frei, Mutter und Stiefvater wurden ermordet. Dabei wussten weder das Kind, das jetzt älter ist als seine Mutter damals und das ich später als stämmige Dame kennen lernte, noch die Mutter, noch dessen Freunde, dass Presburg Musik komponierte. Er gebrauchte mir gegenüber das Wort »polyphon«, um seine Arbeit zu beschreiben.

Wir wurden in einem Personenzug aus Bergen-Belsen evakuiert. Der einzige Mensch, mit dem mein Vater im Lager Freundschaft geschlossen hatte, starb an Erschöpfung, als wir in den Zug einsteigen sollten. Eine unwillkommene Erinnerung sagt mir, dass ich meinen Vater zur Eile antrieb und er den sterbenden Mann zurücklassen musste. Der war von einfacher Herkunft, kannte seinen Platz, und das gefiel meinem Vater. Ich denke, dass mein Blick durch die Eifersucht etwas frostiger wurde. Im Allgemeinen, wenn ich mich einmal unter meinem Niveau betrage, erweist sich Eifersucht als die Ursache.

Mein Tagebuch hatte ich aus dem Umschlag genommen, in zwei Teile getrennt und eingepackt – erst in Amsterdam habe ich es wieder ausgepackt. Der Zug bot nur ausreichend Platz zum Sitzen, was im damaligen Deutschland schon ein Luxus war. Sogar ein überdachtes WC war vorhanden. Da hinaufzuklettern, wo ich mich mit angezogenen Knien sogar hinlegen konnte, gelang nur mir. Über das Ziel der Fahrt konnte niemand Auskunft geben. Dunkle Gerüchte über einen Austausch machten die Runde. Unter dem Motto »Der verlorene Transport« haben jetzt Menschen ein Gedenkkomitee gegründet, an dem ich nicht teilnehme, denn dafür gab es zu viele wirklich verlorene Transporte in jener Zeit – »Nur Gott der Herr kennt ihre Namen« lautet der Titel eines Erinnerungstextes[15] –, bei denen niemand das planlose Hin- und Herschleppen bei fehlender Verpflegung überlebt hat. Denn kein deutsches Dorf nahm es hin, dass so ein Transport mit »Verbrechern« bei ihnen haltmachte. In den Augen dieser Bürger waren diese kahlgeschorenen Figuren in ihren Sträflingsanzügen eben ›Spitzbuben‹, während wir selbst zwar verwahrlost waren, aber immerhin doch Zivilkleidung trugen.

Wiederholt wurde der Zug von »Typhoons« angegriffen, alliierten Jagdflugzeugen, die mit Bordkanonen auf alles schossen, was sich bewegte. Davor hatten die Deutschen eine Heidenangst, denn im Gegensatz zu den massiven Luftbombardements, die vielleicht einen mehr unpersönlichen Charakter hatten, vergleichbar einer Naturkatastrophe, fühlten sie sich jetzt einzeln aufs Korn genommen.

Ich erinnere mich noch undeutlich an eine Situation, als die Bahnstation Glöwen bei Schwerin von englischen »Typhoons« aus der Luft angegriffen wurde. Während ich mich in Sicherheit

---

15 S. Wulf, KZ-Züge auf der Heidebahn. Selbstverlag, D-29640 Schneverdingen, 1991.

wähnte, musste ich feststellen, dass ich unter einem Tankwaggon mit Treibstoff lag. Auch an den jungen Mann erinnere ich mich, der mich über Onkel Hans' Rolle in der Firma ausfragte, aber auch an seinen von Schwären übersäten Leib, bevor er starb.

Ich erwähnte schon, dass wir von Bergen-Belsen, das nahe bei Hannover liegt, mit unbestimmtem Ziel in östlicher Richtung abfuhren, dass aber auch am Zug selbst kein Hinweis auf einen unheilvollen Bestimmungsort abzulesen war. Ein paar Tage vor dem alles zerstörenden Endkampf fuhren wir durch Randbezirke von Berlin und kamen schließlich an der brandenburgisch-sächsischen Grenze bei dem Ort Tröbitz zum Stehen. Am Beginn der Reise bestand die Bewachung aus einer gemischten Gesellschaft von einigen SS-Leuten und älteren Männern, frotzelnd »Bismarck-Jugend« genannt. Die SS-Leute waren nach und nach desertiert, während die zurückgebliebenen Bewacher nicht einschritten, wenn einige von uns bei einem Halt den Zug verließen, um durch Tauschhandel an Lebensmittel zu kommen – denn ich kann mich nicht daran erinnern, dass Verpflegung ausgegeben wurde.

Eines Tages wurden wir bei einer Bahnstation von »Typhoons« angegriffen, und alle Deutschen verkrochen sich im Luftschutzkeller, während unser Zug neben einem Güterzug stand, beladen mit Zerealien (u.a. Kornflocken, Haferflocken und Knäckebrot), wovon ich nicht wusste, dass die Deutschen das kannten. Nur ein paar von uns hatten noch die Kraft und den Schneid, diese Waggons zu besteigen und so viel wie möglich von der Ladung hinauszuwerfen, wo andere die Sachen gierig auffingen. Als Entwarnung war, musste ich mir wie ein Rugbyspieler einen Weg freikämpfen, um meine Beute vor den Händen derer zu retten, die zu passiv gewesen waren, um selbst den Zug zu berauben, jetzt aber versuchten, mich mit ihren Tackling zu Fall zu bringen. Schon der Gedanke, dass ich dabei einem weh getan haben könnte, bereitet mir im Nachhinein noch Befriedigung.

In unserem Waggon war auch ein Ehepaar mit einem Baby; dem möglicherweise die Maizena, die ich ihnen gab, geholfen hat zu überleben. Das Baby habe ich als Erwachsenen gut gekannt. Der Zug hielt dann in der eigenartigsten Landschaft, die ich jemals gesehen habe. Bäume standen da in Reihen, hingen aber schief nach allen Seiten. Später hörte ich, dass es davon herrührte, dass die nicht weit unter der Oberfläche liegenden alten Kohleminen inzwischen eingebrochen waren. Bevor ich wieder einmal aus dem Zug steigen konnte, um Lebensmittel zu organisieren, kam ein gewisser Beppo von dem bei uns mächtigen griechischen Klüngel, der Deutsch sprach. Er warnte uns, ins Dorf zu gehen. Ich begriff, dass er das, was dort zu holen war, für sich behalten wollte, und ließ mich deshalb nicht abhalten.

Was ich hier erwähne, ist ein Grenzfall von etwas, das man ›Selbstbetrug in gutem Glauben‹ nennen könnte. Denn es ist noch nicht so lange her, da erinnerte ich mich wieder an ein Geheimnis, das ich schon beinahe erfolgreich vergessen hatte. Ein Geheimnis, das ich weder aufgeschrieben noch jemandem erzählt hatte. Beppo hatte nämlich noch mehr gesagt: Er hatte uns ans Herz gelegt, nicht über das zu schweigen, was wir mitgemacht hatten, sondern es zu betonen, er sagte sogar, es zu übertreiben. Nun kann natürlich jeder, der mich kennt, bezeugen, dass ich in den anschließenden fünfzig Jahren eher das Gegenteil von dem getan habe, als Beppos Rat zu befolgen, der außerdem noch absurd war, denn schließlich sind 70 Prozent unserer Gruppe gestorben. Auch nach Beppos Ansprache sind noch so viele Menschen gestorben (Fleckfieber, Auszehrung etc.), dass man einen eigenen Friedhof damit füllen könnte. Ich verstehe jetzt besser als damals, worum es Beppo vor allem ging. Er wollte sich natürlich so schnell wie möglich bei den Russen, den neuen Machthabern, anbiedern und sich selbst als besonders bedauernswertes Opfer darstellen und dabei den Kollaborateursgeruch loswerden; dabei konnte er keine Zeugen gebrauchen.

Aber was macht die Tatsache, dass Beppo dies zu uns gesagt hat, zu einem beschämenden Geheimnis? Es ist deutlich, dass ich darin eine Gefahr sah, denn sollte es jemals bekannt werden, dass es Menschen gab, die sich so verhielten, würde uns niemand mehr etwas glauben, auch wenn wir die Wahrheit sagten. Es würde nur den Unglauben verstärken, den ich wie Beppo vorhersah: »Sie geben selbst zu, dass Sie den Rat bekommen haben, zu übertreiben.«

Dass es bei mir jedoch Scham war und nicht einfach Vorsicht, wird aus meinem damaligen Verhalten deutlich. Es ging offenbar um unreflektiertes ›Hiding Behaviour‹. Mein eigentliches Motiv kann nur Scham gewesen sein, um so zu Beppo und seiner Sorte den größtmöglichen Abstand zu wahren. Mein Verhalten hatte auch zur Folge, dass ich die eigentliche Befreiung von Tröbitz und unserem Zug durch die Rote Armee verpasst habe. Ich verpasste übrigens bei der Befreiung noch etwas, das charakteristisch für meine Mutter Frieda war. Ein älterer Zugbegleiter, nicht von der SS, kam in panischer Angst angelaufen und bettelte um Zivilkleidung. Damit hoffte er den Russen zu entkommen. Meine Mutter war in der Tat dabei, solche Kleidung zu suchen, als man ihn doch noch gefangen nahm. Auch eine andere Geschichte kenne ich nur vom Hörensagen, die sich auf einem Dachboden abspielte, wo Frieda einen Nachttopf aus Glas gefunden hatte, aber nicht mitnahm, weil sie sich von einem alten Frauchen erweichen ließ, die ausrief: »Ach dieser schreckliche Krieg! Jetzt nimmt man mir auch noch mein schönes Nachtgeschirr.«

Ich mache gar nicht erst den Versuch, die wie in einem Rausch erlebten Tage, nachdem wir von russischen Soldaten befreit worden waren, zu beschreiben.

Tröbitz bestand aus zwei im rechten Winkel sich kreuzenden Straßen, gesäumt von kleinen Bauernhäusern. Sobald ich aber von Tröbitz träume, wird es zu einer düsteren viktorianischen Stadt, die bei jedem darauffolgenden Traum noch größer geworden scheint.

Es bot sich keine passende freudianische Deutung an, bis ich Harry Mulisch[16] im Fernsehen über eine Stadt ›Gran‹ sprechen hörte, über die er phantasierte und dichtete, bis ihm aufging, dass es sich um Berlin handelte, wo er als Kind mit seinem Vater gewesen war. Da begriff ich, dass sich Bilder von Außenbezirken von Berlin, wo wir ein paar Tage vorher durchgefahren waren, in der Erinnerung mit denen von Tröbitz verschmolzen hatten, wahrscheinlich in einem Schmelztiegel, hervorgerufen durch den 14-tägigen Typhusrausch.

---

16 Vielseitiger und sehr erfolgreicher niederländischer Schriftsteller. (geb. 1927).

Nach Beppos Ansprache zog ich los, links am Dorf vorbei, endlos durch die Landschaft, dabei wie im Zwang immer wieder dasselbe Liedchen singend: »Oma schwingt das Tanzbein / Oma ist auf der verkehrten Bahn / Wenn du Oma siehst / Erkennst du Oma nicht.« Da begegnete ich bei einem großen Haus in einem Wald einem älteren Mann, der in einer graugrünen Uniform (nicht SS) steckte und auch keine Soldatenmütze aufhatte, sondern eine Art Hut. Später stellte sich heraus, dass es eine Försteruniform war. Ich war ihm schon zu nahe, um mich noch, ohne Verdacht zu erregen, zurückziehen zu können, und begann sogleich atemlos mit einer Geschichte: »Sie sind Beamter, und da draußen steht ein Zug voll verhungernder Menschen, man muss da etwas unternehmen.« Aus dem Haus kamen alle Bewohner herbei. Man reagierte auf meine Äußerungen: »Er will wissen, wo er ist«, hörte ich sagen. Während man um mich herumstand, gelang es mir doch, mir den Rücken frei zu halten. Die Atmosphäre war falsch-freundlich. Ich sah jemand mit einem Messer hantieren: es wurde Brot abgeschnitten und gekochtes Schweinefleisch, letzteres mit blauem Zeug verfärbt und, wer weiß, vielleicht vergiftet. Es gelang mir, wieder von diesen Menschen wegzukommen, die ebenso viel Angst vor mir hatten wie ich vor ihnen. Die Ausbeute war viel größer als sonst. Ich lief wieder zurück. Dann ein eigenartiger Anblick: als ob sich Elefanten einen Weg durchs Gebüsch über den Weg und wieder in die Sträucher gebahnt hatten. Zwei deutsche Soldaten, die allerlei Kochgeschirr und Töpfe umhängen hatten, kamen auf so etwas wie Spielzeugmotorrädern angefahren und fragten mich, ob ich Russen gesehen hätte, sie seien »eingekesselt«. Danach noch etwas viel Eigenartigeres: zwei Mädchen, die mir bekannt vorkamen, in Overalls und auf Fahrrädern! »Wir haben das Dorf geplündert«, riefen sie. Es lag überall Papiergeld auf der Straße, da man annahm, es sei nichts mehr wert. Beim ersten Haus, welches ich sah, stand eine Scheune; von dort kam ein erbärmliches Geschrei. Zusammen mit ein paar Menschen lief ich hinzu. Da sah ich den ersten Russen meines Lebens, der mit ausdruckslosem Gesicht, ein Brecheisen in der Hand, die Scheune aufbrach. Das Geschrei kam nicht von einem Menschen, sondern von einem Schwein. Der Vorsatz, nicht mit leeren Händen zurückzukehren, erwies sich in der Ausführung als schwierig, denn niemand wusste, wie mit dem Schwein zu verfahren sei. Überall war man außerdem eifrig dabei, Hühnersuppe zu kochen. Schließlich wurde das Tier von jüdischen Jugoslawen gepackt. Später meinten dann Mediziner, dass sie wohl gewusst hätten, wie sie das Schwein behandelt hätten; es fiel der Ausdruck »Herzpunktion«. Aber auch die Behandlung der Schwarte erforderte dabei spezielle nichtjüdische Techniken. Am darauffolgenden Tag war in der ganzen Gegend kein Huhn mehr aufzutreiben. Wir nahmen Wohnung in Häusern. Sehr schnell stellten wir fest, dass meine Mutter an Fleckfieber erkrankt war. Deshalb verbot mir mein Vater, die gefundene Schreibmaschine zu gebrauchen, weil er meinte, dass es meine Mutter störe. Mein Vater hatte sicher viele gute Eigenschaften, konnte aber auch widerwärtig sein. Die während der Bahnreise gemachten Aufzeichnungen wie auch der Abschiedsbrief von Jenny waren verloren gegangen. Ein toter Deutscher lag vor der Haustür. Nach ein paar Tagen suchte ich den Bürgermeister auf, der sich irgendwo versteckt hielt: »Ein Bewohner Ihres Dorfs liegt da unbestattet auf der Straße, unternehmen Sie etwas!« Es kostete mich einige Mühe, ihn so weit zu kriegen, dass er sich auf die Straße wagte. Wie sehr seine Furcht gerechtfertigt war, zeigte sich schnell, denn schon kam ein Russe auf uns zu, der ihm mit den Worten »Uhr! Uhr!« seine goldene Taschenuhr wegnahm. Der Aufenthalt in Tröbitz kann nicht lange gedauert haben, auch lag ich während der Zeit zwei Wochen in typhösem[17] Zustand in dem von den Russen improvisierten Fleckfieberlazarett. Die Zeit war aber reich an Erlebnissen, deren genaue zeitliche Einordnung jedoch unsicher ist. In den ersten Tagen ging ich, wie die Tagebuchnotizen zeigen, bei der Bevölkerung Lebensmittel organisieren:

Tröbitz, 24. April
Heute beehrte mich eine Gruppe sehr gastfreundlicher russischer Soldaten mit einem Angebot: Sie wollten mir bei der Vergewaltigung einer jungen Dame den Vortritt lassen. Da ging mir

---

17 Fiebriger Zustand mit Bewußtseinsstörung infolge der Vergiftung.

auf, wie sehr ich mich verändert hatte: enttäuscht, dass ich kein Brot von ihnen bekam, machte ich mich davon.

Dies war ein gutes Beispiel für das Negieren der alltäglichsten Gefühle. In erster Linie genierte ich mich natürlich, in der Gegenwart anderer Männer zu kopulieren. Fand ich es denn schändlich, dass die Frau, die auch ein Söhnchen von etwa sechs Jahren hatte, vergewaltigt werden sollte? Ihre Klage: »Warum kommt ihr immer zu mir, im Dorf gibt es doch noch andere schöne Mädchen!« klang nicht aufrichtig. Dabei hatten einige der Männer, die mit einer gehörigen Erektion brav darauf warteten, bis sie an die Reihe kamen, auch Geschenke mitgebracht.

Danach, als die Typhusepidemie sich ausbreitete, betätigte ich mich, wie am Ende der Lagerzeit, mit der Entlausung der Typhuspatienten, bevor wir sie ins Notkrankenhaus legten. Ich erinnere mich gut, dass ich diese riskante Arbeit übernommen hatte, weil ich mich darüber empörte, dass das offizielle medizinische Personal, natürlich auch Häftlinge, die Aufgabe vernachlässigte, da sie nach der endlichen Befreiung kein Risiko mehr eingehen wollten. Die selben Leute waren auch im Lager bei der Bekämpfung der Läuse passiv geblieben. Mein Vater, obwohl Psychiater, hat zusammen mit mir immer auf der Entlausung bestanden. Ich erinnere mich eines charakteristischen niederländisch-medizinischen Ausspruchs von damals: »De mortaliteit van deze exanthematicus valt erg mee!«[18]

Schließlich wurde eine Liste von Patienten mit der Diagnose Fleckfieber erstellt, und als ich diese Menschen mit Hilfe einiger deutscher Arbeiter vom Braunkohletagebau abholen kam, erinnere ich mich jetzt noch mit Schamgefühl, war die Liste weg. Eine neue wurde geschrieben, und Dr. Allalouf, ein Grieche mit französischer Bildung, entdeckte noch viele Fälle, die den selbstzufriedenen Holländern entgangen waren. Allalouf meinte auch noch, vielleicht wegen der verschwundenen Liste: »Tas, Sie sind nicht für die Chirurgie geschaffen!«, und ich habe das auch sofort geglaubt. Die Entlausung all dieser Menschen war eine Heidenarbeit. Dabei hatte ich eine Assistentin, Dora S., ein schönes

---

[18] Die Sterblichkeit dieses Fleckfiebers ist nicht halb so schlimm.

Mädchen aus Tröbitz, mit der ich das Fräuleinwunder erlebte, bevor es zum Klischee wurde. Dora bemerkte mit freundlichem Spott zu meinen mit Ichthyol[19] getränkten Wattepfropfen in der Nase: »Der Doktor hat wohl Nasentyphus!« Ihr Freund stand in der Normandie, und ihm konnte nichts passiert sein: »Ein so wertvoller Mensch!« Er war Bildhauer und hatte seine Kunstwerke in die Luft gesprengt, damit sie nicht in die Hände der Alliierten gerieten. Meine Tochter fand das weniger ausgefallen als ich und meinte: »Die Skulpturen stellten natürlich Dora dar.«

Nach der entsprechenden Inkubationszeit bin ich krank geworden, und zwar wegen einer Laus, die ich bei einer schon Entlausten antraf, nachdem ihr die Familie einen unentlausten - Pullover gebracht hatte. Voll Wut habe ich die Laus spontan zwischen den Nägeln zerdrückt, wobei Teile des Körperinhalts des Insekts in meine Augen spritzten. Im Nachhinein betrachtet, sind wir alle zur gleichen Zeit krank geworden: die Arbeiter, die mir blindlings folgten, weil ich eine weiße Jacke trug und beim Abtransport der wenig appetitlichen Patienten sofort voranging, und auch Dora, die sich im Keller ihres Hauses versteckt hielt, weil sie nicht kahl geschoren werden wollte. Denn inzwischen hatten die Russen zur Bekämpfung der Seuche drakonische Maßnahmen ergriffen. Der am typischsten deutsche von den Arbeitern hatte die Krankheit zu Hause auskuriert, lediglich mit Schnaps als flüssiger Mahlzeit. Ich habe Probleme mit der Beschreibung der prächtigen jungen Russen, die gekommen waren, um zu helfen, und mit denen ich mich anfreundete. Das muss aber nach der Typhusepidemie gewesen sein. Elena, eine Russin aus Leningrad, war dabei, groß und schön, eine Art Göttin, und mit ihr unzertrennlich eine Komsomolzin als Schülerin, die in einem Schulheft ständig Aufzeichnungen machte, eine Art politische Anstandsdame.

Dann Dimitri, der so etwas wie ein Doktor war, vielleicht ein Zweitsemester und nicht wie ich Erstsemester, der glich meinem Freund Zdenek K. Alle diese Menschen verabschiedeten mich herzlich, als uns ein amerikanischer Lastwagen mit einem

---

[19] Antiseptische, entzündungshemmende und schmerzstillende Flüssigkeit.

schwarzen Fahrer abholte. Die Russen sahen zum ersten Mal in ihrem Leben einen Neger.

In der Folge war ich leicht prorussisch angehaucht, mit dem Vorsatz, irgendwann nach Russland zu gehen, obwohl Anzeichen vorhanden waren, dass bei den Russen selbst die entsprechende Begeisterung fehlte.

Da kam zum Beispiel eines Abends ein Russe zu uns, der mit seinem dunklen Schnauzbart Ähnlichkeit mit dem mit meinen Eltern befreundeten Maler Charles Roelofsz hatte. Wir radebrechten eine halbe Stunde mit dem Wort Tsaij (Russisch für »Tee«). Nach einer weiteren halben Stunde sagte der Russe: »Hitler, nix gut!« Dem konnten wir zustimmen. Nach einer Zeit wagte er ein: »Stalin, nix gut!« Es sollte noch bis zu Koestlers »Der Yogi und der Kommissar« (1946) dauern, bis ich selbst besseren Durchblick hatte.

In offenen Lastwagen kehrten wir zurück in die Niederlande. Für mich war diese Fahrt erst von dem Moment an etwas komfortabler, als mein Vater mir ein schmerzhaftes Furunkel am Gesäß ausgedrückt hatte. Wir machten unter anderem in Leipzig Halt, das wenig zerstört war, und da spazierte ich dann mit meinem Freund Peter Weiss, der noch die Casula[20] des Pastors von Tröbitz anhatte, mit drohender Miene auf dem Bürgersteig, so dass die Deutschen uns ausweichen mussten. Ich erinnere mich, einmal laut, damit jeder es hören konnte, zu Peter gesagt zu haben: »Schau, der da ist ein Akademiker, der hat Schmisse!« Obwohl der Text ein anderer war, war es doch die gleiche Melodie wie: »Der da, der braucht ja gar keinen Stern!« Die Nächte verbrachten wir entweder in Kasernen oder in einem der berühmten vormaligen Konzentrationslager, wo wir jedoch, nachdem wir unbedacht eine Baracke betreten hatten, nach wenigen Sekunden schwarz waren von ausgehungerten Flöhen. Weiter im Westen schien Deutschland in einen trostlosen Schutthaufen verwandelt zu sein. Als ich das sah, dachte ich auch: »Etwas weniger wäre mir auch recht.« Eine hinter Glas verwahrte Buchreihe

---

20 Seidenes Messgewand.

meines Vaters, die sich »Sittengeschichte« nannte, zeigte in einem Band über den Ersten Weltkrieg eine Abbildung mit Soldaten, die am Straßenrand mit heruntergelassenen Hosen ihre Notdurft verrichteten. Das erschien uns damals als schockierend. Genau dasselbe taten wir nun auch, und der Lastwagen machte zu diesem Zweck in festen Abständen Halt. Als wir auf unserer Heimfahrt einmal zwischen Doorn und Amersfoort, einer vornehmen Gegend der Niederlande, zu dem erwähnten Zweck anhielten, war es auf einmal nicht mehr so selbstverständlich, in dieser Umgebung genierten wir uns.

Als Folge des Fleckfiebers konnte es zur ›Depersonalisation‹ kommen; die Selbstverständlichkeit, mit der man man selbst war, entfiel. Meine Tante Thea Herzberg bezeichnete ihre Hände als »Wegelagerer«, Landstreicher am Wegesrand, und sah nicht ein, weshalb nicht jemand anderes als gerade sie selbst sie waschen sollte. Eine andere Frau verfiel in einen Zustand von Solipsismus: »Wer beweist mir, dass dies alles kein Traum ist!« Sie wollte nicht zu einer Kleiderausgabe gehen, denn damit etwas passiere, müsse sie es sich erst einmal ausdenken, und das sei ihr zu ermüden. Gerade hatte ihr Mann sie zum wiederholten Mal auf seine eigene Existenz hingewiesen und bekam zu hören, dass auch er vielleicht ein Hirngespinst von ihr sei, als sie triumphierend auf ein Gebäude wies: POLIKLINIK STRIJP. Ein vorbeikommender Bürger der Stadt, es war Eindhoven, klärte sie darüber auf, dass das ganze Stadtviertel Strijp heiße. Der Ehemann, der mir das erzählte, begann in dem Moment an seinem eigenen Verstand zu zweifeln, als er den absurden Namen hörte.

Diese extremen Erfahrungen von Depersonalisation blieben mir größtenteils erspart, bis etwa vier Jahre nach dem Krieg, als ich nach einer Grippe beim Rasieren – ein klassisches Symptom – an Stelle meines eigenen Gesichts einen ausdruckslosen Fleischklumpen sah. Darauf überfiel mich eine sonderbare und kaum zu beschreibende Panik, die mir bis ins Mark ging. Ich suchte deshalb meinen früheren Analytiker auf.

Ich berichte dies nur, um zu zeigen, wie blind man für die psychische Bedeutung der Judenverfolgung damals noch war. Von den 130.000 niederländischen Juden sind 100.000 ermordet worden, während ich selbst, zusammen mit dem größten Teil meiner Familie, aus reinem Zufall überlebt habe. Der größte Teil des Bekanntenkreises war ermordet, wie Sie wissen, auch die meisten Kinder, denen ich Unterricht gegeben hatte.

Der Mann deutete meine Symptome, ohne zu zögern, als hinausgeschobene Angst vor dem Physikum! Über diese Deutung war ich etwas enttäuscht, denn meine Zwischenprüfung gestaltete sich eher als ein Triumph denn als Heimsuchung. Aber auch mir selbst lag der Gedanke fern, dass es sich in der Tat um aufgeschobene Gefühle handelte; an die Kriegs- und Verfolgungsangst als Ursache dachte auch ich nicht. Er fügte übrigens noch etwas hinzu, das mir tatsächlich einleuchtete: Depersonalisation, die zusammen mit Angst auftrete, sei gerade günstig, weil sich das Ich nicht mit der Entfremdung abfinde. Mein ›Ich‹ benötigte sicher vierzig Jahre, um sich nicht damit abzufinden. Ich hatte dem Analytiker aber nicht erzählt, dass ich eine Art Formel hatte, bei deren Aussprechen die Angst verging, nämlich: »Bessere sind dahingegangen.« Damit meinte ich natürlich die deportierten und dann ermordeten Menschen. Das bedeutete jedoch nicht, dass ich eingesehen hätte, dass meine Angst mit unseren eigenen Besatzungserfahrungen zusammenhing; und schon gar nicht mit den von mir nachdrücklich formulierten Überlegenheitsgefühlen, die ich scheinbar ohne Schuldgefühl niedergeschrieben hatte.

So gut wie Psychotherapie für Erwachsene heilende Wirkung bringen kann, sind aber auch Situationen denkbar, die als ›negative Therapie‹ jemanden ernsthaft beschädigen, obwohl der Betreffende schon erwachsen ist. Dass in den Jahren kurz nach dem Krieg selbst Psychoanalytiker diese Tatsache übersehen haben, mag in ihrem eigenen Verfolgungstrauma begründet gewesen sein. Von ihnen haben viele Mut gezeigt und große Risiken auf sich genommen. Dabei muss man auch feststellen, dass gerade die mutigsten Widerstandskämpfer sich schämten, zu wenig getan zu haben. Die Behandlung von Kriegstraumata setzt jedoch voraus, dass der Patient dem Therapeuten mit Misstrauen und Wut begegnen kann, weil dieser ihn in gewisser Weise erniedrigt, indem er ihn als Patienten sieht. Vielleicht hatten die Therapeuten als Nichtverfolgte damals Schwierigkeiten mit der ihnen in der ›Übertragung‹[21] zugewiesenen Rolle, nämlich als Nazi oder Antisemit, so dass sie deshalb diese Rolle ›defensiv‹ von sich wiesen. In der Weise ›abgespalten‹, blieb das Misstrauen unbesprochen, und die Verfolgungssituation dauerte psychisch an.

Mehr als einmal musste ich mit Bestürzung feststellen, dass ehemalige Patienten, selbst prominenter niederländischer Analytiker, mit der Trauer um die Eltern, um Verwandte und um Freunde noch nicht einmal einen Anfang gemacht hatten. Hatte dies der Analytiker entweder nicht bemerkt, oder war jeder dahingehende Versuch vom misstrauischen Patienten abgewehrt worden? Hatte man vor dieser Situation schließlich kapituliert? Ein guter Freund von mir war jahrelang in Analyse. Er hatte seine Mutter und eine ältere Schwester verloren, hatte untergetaucht gelebt und war sogar festgenommen worden, konnte aber seine wahre Identität bis zur Befreiung verbergen.

Als er dreißig Jahre danach mit seiner Partnerin in Therapie war und der Therapeut erwähnte, dass die Zeit der deutschen Besatzung für Juden doch »sehr schwierig« gewesen sei, da überfiel ihn ganz unerwartet und zum ersten Mal (!) ein großer Schmerz. Ein anderer meiner jüdischen Patienten mit einem vergleichbaren Trauma und vergleichbarer Behandlungsgeschichte sah bei mir ein Päckchen Kleenex liegen (das liegt immer bereit für den Fall, dass jemand weinen muss) und fragte ganz im Ernst: »Sind Sie erkältet?«

Zurück in den Niederlanden, fühlte ich mich – wie ich meinte vom Fleckfieber – noch zu geschwächt, um das Medizinstudium wieder aufnehmen zu können. Nachträglich glaube ich, dass dabei von wesentlich größerer Bedeutung war, dass mein Analytiker mich nicht sofort wieder aufnahm, wohl aber meinen Vater. Als mein Vater und ich aus der Deportation zurückkehrten, konnte mein Analytiker mich deshalb nicht sofort wieder aufnehmen, weil mein Vater ziemlich angeschlagen war, er hatte immerhin Landauer, seinen eigenen Analytiker, im Lager verloren. So kam es, dass nach einer Begründung, die ich augen-

---

21 Psychoanalytisches Hilfsmittel zur Bewältigung verdrängter Konflikte.

Louis Tas und sein Sohn Michael im Winter 1955/56

scheinlich akzeptierte, mein Analytiker einen Fehler beging, der an Verrat grenzte: Er ließ mich im Stich und nahm meinen Vater in Behandlung. Beide gaben als Motiv an, dass es Vater so schlecht ginge, und vernünftigerweise müsste ich dem beistimmen können. Aus ihrer Handlungsweise wurde deutlich, dass es auf mich weniger ankam als auf meinen Vater, und derjenige, welcher dies hätte entlarven müssen, nämlich mein Analytiker, war sogar selbst daran beteiligt.

In einem Gefühl von Niedergeschlagenheit erschien mir das Psychologiestudium einfacher als die Medizin. Das war dann auch so, aber 1947, nach der Zwischenprüfung, fühlte ich mich genügend wiederhergestellt und beschloss, zur Medizin zurückzukehren. Ich habe wieder das Gefühl von vor fünfzig Jahren, als ich über den Museumsplein in Amsterdam lief und begriff: »Ich habe mich entschlossen, und sollten irgendwelche Zweifel aufkommen, dann richteten sie sich gegen den schon feststehenden Entschluss.«

1947 machte ich Bekanntschaft mit einem Mädchen aus dem Arbeitermilieu, das in der Ausbildung zur Balletttänzerin stand. Auf diese Weise erfüllte sich, was ich einmal als Feuilleton in unserem Studentenblatt ›Propria Cures‹ publiziert hatte, in dem einzigen Stück erzählender Prosa, das ich je geschrieben habe. Es handelte von zwei Personen. Zum einen war da der Ich-Erzähler und Biologe cand. L. Fraseur, um dessen Tagebuch es sich handelte, und die Balletttänzerin ›Tini Hops‹, mit dem Namen Tatjana nach ihrer russischen Großmutter, den sie in ein weniger auffälliges ›Tini‹ abgeändert hatte. Diese erfundene Geschichte war prophetisch, denn die beschriebene angestrengte Bescheidenheit passte genau zu dem Charakter der Frau, die ich kurz darauf in der Wirklichkeit kennen lernte. Übrigens hatte ich nicht die geringste Ahnung, dass diese Begegnung von anderen arrangiert worden war.

Als ich im Sommer 1946 das Umland von Amsterdam durchstreifte, bis vor kurzem noch ›Für Juden verboten‹, da waren die Verbotstafeln samt den Juden verschwunden. Ich war die Ausnahme, ein Überlebender auf der Suche nach einer Badegelegenheit. Da entdeckte ich einen kleinen, jetzt nicht mehr vorhandenen Strand. Ich schloss mich einer Gruppe junger Leute an, unter denen eine junge Frau den passenden Namen Rienkje Zoet[22] trug. Erst Jahre später erfuhr ich, was Rienkje damals über mich gedacht hatte: »Dieser Student ist nichts für mich, aber eher etwas für meine Freundin Joosje.« Und siehe da, am folgenden Tag, wieder bei strahlendem Sonnenschein, war plötzlich eine blonde, sehr präsente junge Dame am Strand, deren aufgesetzte Gleichgültigkeit doch noch etwas von ihrer Hoffnung auf Anerkennung durchschimmern ließ; und wie sie da mit einer Selbstverständlichkeit einherschritt, erschien es wie die Demonstration des Gehens als hohe Kunst.

Und ob sie gern schwimme...! Wir schwammen dann zusammen an diesem Tag, bis die Sonne langsam im Schilf versank; vor nunmehr mehr als fünfzig Jahren.

Zwei Jahre später war sie schwanger. Wir beschlossen zu heiraten. So verschloss ich mir gerade zu diesem Zeitpunkt (1948, Unabhängigkeitskrieg) den Weg nach Israel, als ich meinen Willen, für diese Sache mein Leben einzusetzen, hätte unter Beweis stellen können. Stattdessen heirateten wir und bekamen vorerst einen Sohn. Dieser glich einem der verschwundenen Kinder aus Maastricht, die damals, ich sehe es noch vor mir, »De scheepsjongens van Bontekoe«[23] lasen.

Ohne diese Heirat und die Verpflichtungen der Vaterschaft hätte ich vielleicht nicht so verbissen studiert. 1954 wurde ich Arzt und begann mit meiner Facharztausbildung zum Nervenarzt, denn ich wollte Neurologe werden, um herauszufinden, wie das Gehirn arbeitet. Aber es ergab sich, dass die praktische therapeutische Arbeit mit bestimmten psychiatrischen Patienten mich besonders interessierte.

Das inzwischen ausgepackte Tagebuch wurde abgetippt, mit Kommentar versehen, und ich fand dafür einen Verleger. Mit dem Buch hatte ich nur bei Schriftstellern einigen Erfolg, denn obwohl der größte Teil der Auflage unverkauft liegen blieb, habe ich doch noch nie einen niederländischen Schriftsteller getroffen,

---

22 zoet = süß

23 »Die Schiffsjungen von der Bunten Kuh«, beliebter holländischer Jugendroman (1924) von Johan Fabricius (1899–1981).

der es nicht kannte. Ich würde gern annehmen, dass dies an der plus parfaite sincérité lag, doch bei nüchterner Betrachtung wird es eher daran gelegen haben, dass unser ›Aufenthaltslager‹ noch einen Schein von Lebensqualität bot. Man war noch nicht bereit für realistische Beschreibungen von Vernichtungslagern wie Auschwitz, Treblinka oder Sobibor. Dort hat wohl kein Häftling mit dem Führen eines Tagebuchs den Galgen riskiert.

Der französische Psychoanalytiker Green schreibt, Schriftsteller beanspruchten in der Regel, zur Gattung der Schriftsteller zu zählen, wohingegen Autoren von Autobiographien – und hierzu rechnet er auch die Tagebuchschreiber – zudem noch den Wunsch hegten, sich in namentlich herausgehobener Weise als literarische Hauptfigur zu installieren – vergleichbar etwa mit Eugénie Grandet, Tom Sawyers, Anna Karenina oder auch Felix Krull.

Das stimmt meiner Ansicht nach überein mit der Neigung, sich interessante Pseudonyme zu wählen. Wenn danach gefragt wurde, fühlte ich mich verpflichtet zu erklären, wie ich auf ›Loden Vogel‹ gekommen bin. Der Name entstammte aber einem momentanen Einfall, den ich nicht erklären konnte. Vielleicht hat es etwas mit dem Träumen vom Fliegenkönnen zu tun, die ja auch der Schwerkraft spotten, und erst vor kurzem erkannte ich, dass ich mit derselben megalomanen Leichtigkeit Tagebuch schreibe.

Meine Frau hatte ihre Tätigkeit beim Opernballett wieder aufgenommen. Mein Sohn Michael blieb 13 Jahre lang das einzige Kind, bis schließlich im Abstand von anderthalb Jahren Ester und Tamar, zwei Mädchen, geboren wurden. Nicht lange nach dem schon erwähnten Tod meiner Mutter im Jahr 1970 wurde meine erste Ehe nach 23 Jahren geschieden.

Gerade als es ihr wieder ein wenig besser ging, bekam meine geschiedene Frau eine unheilbare Krankheit und starb nach einem langen und entsetzlichen Krankenlager. Die Töchter wohnten anschließend bei mir. Der Sohn hatte sein Studium abgeschlossen und war ausgezogen. Geschiedene Väter haben manchmal eine Scheinbeziehung zu ihren Kindern, die sich auf das Pflichtgemäße beschränkt und ohne Tiefgang ist. Aber nach einer emotionsgeladenen und konfliktreichen Periode wurde unsere Beziehung echter.

Wenn ich diese meine Kinder sehe, erinnere ich mich deutlich und begreife, welcher Gedanke mir durch den Kopf ging, als ich jene Frau zum ersten Mal sah, die ihre Mutter werden würde: »Lass mich diesmal nicht leer ausgehen!« Gerade als ob ich solche Kinder vorhergesehen hätte.

Mit meiner heutigen Frau, mit der ich vier Kinder habe, verband ich mich 1974. Nur ungern verzichte ich darauf, von unserem gemeinsamen, ereignisreichen Leben zu berichten, denn die daran Beteiligten lesen neugierig mit, und das raubt mir die Spontaneität. Dergleichen wird mit ganz anderen Augen gelesen als geschrieben. Es scheint mir klüger, dass ich den Bericht hier vorläufig enden lasse.

Trotzdem will ich der Versuchung nachgeben, einige Bemerkungen meiner Frau wiederzugeben. Als ich mir eines Tages wieder einmal voller Selbstmitleid die Frage stellte, wie es ein alter Mann schaffen könne, einen vollen Arbeitstag durchzuhalten, um eine Familie mit vier schulpflichtigen Kindern zu ernähren, erwiderte sie mir in deutscher Sprache: »Arbeiten, arbeiten, arbeiten!«

Kürzlich sprachen wir über jemanden, der im Schlaf gestorben war. Einer meinte: »Ein schöner Tod.« Worauf ich erwiderte: »Das Leben ist alles, was wir haben – und das schlimmste Leben ist mir noch lieber als der schönste Tod!« Darauf sagte meine liebe Frau: »Dazu gebe ich mir alle Mühe...«

Louis Tas 1998

Hans-Joachim Rothe

»Jeder singt sein Los als Lied«
Nachbemerkung zu Loden Vogels »Tagebuch«
und dem »Brief an eine Deutsche«

Die deutsche Übersetzung dieses KZ-Tagebuchs eines 24-jährigen Medizinstudenten, den die Nazis als Juden vom weiteren Studium ausgeschlossen hatten, erscheint gemeinsam mit den Erinnerungen und Reflexionen des reifen Psychoanalytikers, der er wurde. In der Reihe der Selbstdarstellungen von Psychoanalytikern, die in den letzten Jahren zahlreich erschienen sind, nimmt es eine einmalige Stellung ein. Das Tagebuch ist ein unzensiertes Dokument, das in schockierender Offenheit die Gedanken des Autors wiedergibt, während seine Erinnerungen und Reflexionen in seinem »Brief an eine Deutsche« formuliert werden. Die Adressatin ist die Herausgeberin und Übersetzerin des Buches von Renata Laqueur »Schreiben im KZ«, Martina Dreisbach. Die hier vereinten Dokumente erscheinen zu einem Zeitpunkt, an dem in Deutschland aus der jungen Generation an die Älteren Fragen zur Judenvernichtung gestellt werden, deren Strenge der von Vätern und Großvätern gleichkommt. Zugleich findet sich auch in dieser Generation der Unwille, sich mit der Vergangenheit auseinander zu setzen. Die Vermittlung der historischen Wahrheit an die nächste Generation hat der Tagebuchautor an anderem Ort mit den Schwierigkeiten der sexuellen Aufklärung verglichen. Wird die historische Wahrheit der Vernichtung akzeptiert, ist aber die nächste Frage der Jugend: Warum habt Ihr euch nicht gerettet, habt euch nicht dem erwartbaren Untergang entzogen? Hier gelingt dem Autor eine plausible Darstellung einer individuellen Situation persönlicher Verwickelung und gegenseitiger Abhängigkeit von Psychoanalytikern. Im KZ wurde der aus Frankfurt nach Amsterdam geflohene Psychoanalytiker Karl Landauer für kurze Zeit ungeliebter Mentor des Tagebuchautors, dessen Psychoanalyse in Amsterdam nach drei Monaten wegen seiner Verhaftung abgebrochen worden war. Erwähnenswert ist in diesem Zusammenhang, dass Karl Landauer schon in der Emigration, aber noch vor dem Krieg als Beispiel zur Illustrierung seiner Affekttheorie eine besonders realitätswidrige Richtung der Flucht beschrieben hat, nämlich die auf den Verfolger hin, wenn dieser die innerseelische Bedeutung einer frühen Elternfigur einnimmt.

Wir sind in der glücklichen Lage, dass der Autor dieses Tagebuchs überlebte – wie er betont, durch Zufall – und sein Tagebuch selber in den historischen und biografischen Rahmen stellen kann. Dass die Möglichkeit, ein Tagebuch zu schreiben, zum Überleben hilfreich war, kann man annehmen. Tagebücher dienen der Dokumentation historischer Entwicklungen. Sie sollen Zeugnisse sein, wenn der Schreiber nicht mehr lebt. Wenn die offizielle Geschichtsschreibung versagt, sollen sie die unterdrückte Wahrheit ans Licht bringen. Tagebücher sind auch Schreibübungen der Dichter und Schriftsteller und geben Einblicke in ihre Werkstatt. Diese sind dann eigentlich nicht für einen Leser bestimmt. Sie dienen der Selbstverständigung, wobei der Schreiber der Leser ist, der zum Gegenüber wird. Tagebuchschreiben wird oft mit einem psychoanalytischen Prozess verglichen, in dem Intimstes in Worte gefaßt und veräußerlicht wird. Die Freiheit, die das Tagebuchschreiben bringt, kann das Leben des Schreibers bedrohen, wenn er seine Geheimnisse offenbart, ihn aber auch innerlich über schwierige Hürden hinwegbringen. Das Tagebuch nimmt die Funktion des Psychoanalytikers ein, zu dem die Beziehung gewaltsam unterbrochen wurde und mit dem der Dialog wieder aufgenommen wird. Freuds Grundregel, die Einfälle nicht zu zensurieren, kann zu schonungsloser Ehrlichkeit werden. Der Autor bekommt dabei das Gefühl, dass er frei assoziieren können wird, wenn er wieder in Analyse geht. In größter psychischer und physischer Bedrohung kann das Tagebuchschreiben dadurch lebensrettend wirken, dass es der Aufrechterhaltung des Selbst dient. Wenn nur noch die Eltern des Schreibers vertrauenswürdige Menschen sind, ist gerade von ihnen hier noch eine innere Abgrenzung möglich. In dem vorliegenden Tagebuch finden sich alle erwähnten Momente. Der Autor gestattet sich, nur von »Ich« zu sprechen, wenn er der Forderung nach bedingungsloser Ehrlichkeit nachkommt, für die es ungewöhnliche Beispiele gibt, die man aus vergleichbaren Tagebüchern nicht kennt.

Sein Pseudonym Loden Vogel war dem Autor Louis M. Tas spontan eingefallen. Er konnte »Vogel« später mit dem Traum vom Fliegen und der Leichtigkeit, Tagebuch zu schreiben, verbinden. »Loden«, eine mehr im Flämischen als im Holländischen gebräuchliche Form von Louis, ist im Holländischen auch das Wort für Blei, so dass der vollständige Name »Bleivogel« bedeutet, der die Depression symbolisiert. Unaussprechliches wird in diesem Buch über Worte vermittelt, wobei vieles fragmentarisch bleiben muß. Dem heutigen Leser wird es möglich, sich in Zustände von Hilflosigkeit, Ausgeliefertsein, Vernichtungsängsten und Überlebenswünschen einzufühlen.

Für das KZ Bergen-Belsen wurde das Dantesche »Inferno« zur Metapher, die die katastrophale Entwicklung des sogenannten Aufenthalts- bzw. Austauschlagers zu einem Ort von Massensterben, Terror, Sadismus und Unfähigkeit der Verfolger, mit dem selbst geschaffenen Chaos umzugehen, charakterisiert. In diesem Inferno werden Gedichte vom Autor konzipiert und fehlgeboren. Eines hat das Licht der Welt erblickt, erscheint im Prosatext, in dem die Zeilen nur durch Schrägstriche getrennt sind. Es würde in eine Anthologie zeitgenössischer Lyrik passen:

Westerbork stilisiere ich zum Oratorium

All die Gruppen werden

Hohe Chöre, tiefe Chöre

Jeder singt sein Los als Lied

Soli gibt's fast nicht

Eine weitere Besonderheit des Tagebuches ist die Wiedergabe von Träumen, die der Autor zur Interpretation seiner Situation nutzt. Auch der Inhalt der mit Spannung vom Leser erwarteten Sodom-Ballade gewinnt durch einen Traum Kontur. Er eröffnet dem Autor den Zugang zu seiner Identifizierung mit dem Aggressor.

Viele Leser werden beim Lesen des Buches heftige Schuldgefühle erleben, aber vielleicht mehr noch Schamgefühle, welche ganz anderer Natur sind als die der Opfer, die der Onkel des Autors sofort erkannte und einfach benennen konnte. Zum großen Teil verhindern die Schwierigkeiten, mit diesen Gefühlen umzugehen, die Übernahme von Verantwortung für das Geschehene und das Zustandekommen eines fruchtbaren Zusammenlebens nichtjüdischer und jüdischer Deutscher. Das Buch wird dem Leser helfen, sich mit sich selbst zu konfrontieren, wie es der Autor gezeigt hat, und sich dadurch neue Wege zu ermöglichen.

Dr. Hans-Joachim Rothe ist Psychoanalytiker und praktiziert in Frankfurt am Main.